AUGUST VON KAGENECK

EXAMEN DE CONSCIENCE

« Nous étions vaincus,
mais nous nous croyions innocents »

Perrin

ISBN 2.262.01189-3

1

Le pavé dans la mare

Pourquoi aime-t-on tellement le passé ?

Cela doit être le problème de ma génération. De la génération des éprouvés, de ceux qui avaient dix, quinze ans lorsque Arturo Ui a pris le pouvoir en Allemagne, qui ont été jetés dans la tourmente, jubilant ou contre leur gré...

Je me promène dans les rues de Neuilly, sur les quais de la Seine, et je découvre une photo, un poster, qui montre ce même quai entre les deux guerres. Les robes des dames, les costumes bizarres des messieurs, les attelages, les bateaux, les péniches le long des rives. Mon Dieu, comme j'ai connu cela, dans ma Moselle natale. La Moselle allemande, celle qui naît à Trèves et meurt à Coblence. Ma mère portait des robes comme celles-ci, noires et longues, avec une taille de guêpe et des souliers à boutons.

Ah, comme j'admirais ma mère dans ces tenues, le comble de l'élégance, la distinction absolue...

Ne peut-on pas refaire tourner la roue de l'Histoire ?

Weg und Einsatz der I./Pz.Abt. 33 (1939 bis 1945). « Itinéraires et combats du 1er bataillon, 33e régiment de chars, 1939 à 1945 », par l'Oberleutnant Erwin Simon (suite du numéro 153).

153 numéros du *Mitteilungsblatt*, de la feuille de communication des anciens de la 9e division blindée de la Wehrmacht. Je les reçois depuis une bonne vingtaine d'années, depuis que j'ai repris contact avec les camarades de mon ancien bataillon. Ces braves Autrichiens avec lesquels j'avais fait dix-huit mois de guerre en Russie, en 1941 et 1942.

Douze pages à peine ; la moitié est absorbée par le deuil (ceux qui sont partis « à la Grande Armée ») ; le reste, des récits de guerre, des souvenirs, bien primitifs parfois, mais toujours très précis, copiés sur des feuilles qu'on a gardées depuis plus de cinquante ans, hâtivement remplies le soir, la nuit souvent, dans un abri, dans la tourelle d'un char, au bord d'une tranchée.

J'aime les lire. Ils sont tellement inoubliables, tellement vivants que l'odeur m'en revient. L'odeur âcre d'une maison brûlée, de l'intérieur d'un char, avec ce mélange de diesel, d'huile et de poudre consumée.

« 18 janvier 1945 : Attaques dans le secteur Houffalize-Ober-Wambach. Autour de St. Vith c'est l'enfer. Les obus lourds des Américains tombent partout. Des éléments du I./33 s'approchent dangereusement de la frontière du Reich. Toutes nos grandes villes sont sous la pluie incessante des bombes.

« 20 janvier : Tempête de neige. La poudreuse accumulée rend le mouvement difficile. Le groupe de combat quitte le secteur de Stockem. La vie se déroule en ce moment dans les caves, dans les chars, dans les tranchées...

« 2 février : Nous faisons de notre mieux pour arrêter les Américains. Ceux-ci sont à présent dans les contreforts de la ligne Siegfried. Les bombardiers US sont maintenant au-dessus de Vienne. »

C'était la fin. Une infinie tristesse. Le sentiment certain de faire quelque chose de parfaitement inutile. Tous ces morts autour de nous, les nôtres, pourquoi étaient-ils tombés ? La fin, la défaite devant les yeux. Mais non, mais non ! Il fallait continuer, pour Adolf, pour la patrie, pour la discipline, pour la tradition. On ne se rend pas, on ne se mutine pas, on n'est pas une bande de défroqués.

Nous sommes la *Grossdeutsche Wehrmacht*.

Cela se reflète dans les notes de l'Oberleutnant Erwin Simon cinquante ans après. Pas le moindre doute en la victoire. Seulement la rage, contre ceux « de derrière » qui ne font parvenir ni la bouffe ni les munitions.

Je tourne une page. Cette fois, c'est l'ex-lieutenant-colonel Bockhoff qui parle. Il commandait le dernier groupement de combat de la 9e Panzer-division sur le Rhin en mars 1945. C'est lui qui avait trouvé le cadavre de son général, le baron von Elverfeldt, deux jours auparavant, sur les quais de Cologne, fauché par une rafale de mitraillette américaine. « Je l'avais prévenu de ne pas se rendre en première ligne, se souvient Bockhoff, mais il ne m'avait pas écouté. » A-t-il cherché une fin de soldat pour sortir de sa crise de conscience ? En fin de compte, le maréchal Model, qui commandait le front de l'ouest, s'est bien tué d'une balle quelques jours plus tard, dans un bois, près de Düsseldorf.

Et Bockhoff de poursuivre : « Notre dernier bastion était la Löwenburg (le repaire des lions) près d'Ittenbach, sur la rive droite du Rhin face à Bonn. Les Américains ont franchi le fleuve à Remagen. Rien ne s'oppose donc plus à leur avancée au cœur du Reich. Ah, ces Amerloques ! Frais, reposés, surpuissants, ils passent dans la vallée, nous dépassent, personne ne leur tire dessus. Leur but est Berlin...

« Je suis triste, mort de fatigue, incapable de formuler une pensée claire. Nous sommes au bout. La fin nous attend à Brion dans le Sauerland. Nous nous rendons aux Américains. Le groupement de combat Bockhoff n'existe plus. »

Bockhoff avait combattu depuis 1939 dans les rangs de la 9e, l'une des deux Panzerdivisionen formées après l'Anschluss de l'Autriche et composées de soldats allemands et autrichiens, mélange formidable et redoutable. Il avait fait la Pologne, la France, la Serbie, la Russie, surtout la Russie, la Normandie enfin et les Ardennes pour finir, triste, épuisé et incapable de formuler une pensée claire, cette odyssée extraordinaire dans un pré rhénan, entouré de Jeeps américaines bardées de mitrailleuses. On lui avait mis la croix de Fer de chevalier autour du cou, à Falaise, deux jours avant sa cinquième blessure. Il avait réussi à sortir son bataillon, le 1er bataillon du 11e régiment de Panzergrenadiers, fort encore de quarante-cinq hommes, du chaudron que les Anglais et les Américains avaient formé autour des restes de ce qu'était jadis le front allemand en Normandie.

Bel exemple de cette race de guerriers indomptables que tout le monde nous enviait, ce Bockhoff. Né en 1913, il avait donc vingt ans quand Hitler est arrivé au pouvoir dans son pays.

Westphalien, une race de paysans durs à cuire et sobres. Son père, soldat du Kaiser, avait dû lui parler de la défaite de 1918, du coup de poignard dans le dos, de l'insupportable humiliation de Versailles. Et voilà un homme qui promet de l'effacer, cette humiliation, de rendre sa dignité à l'Allemagne, de la faire rentrer dans les rangs des grandes puissances de l'Europe desquels la France et l'Angleterre l'avaient injustement expulsée. Comment ne pas l'entendre ? Comment ne pas voter pour lui ? Comment ne pas être attiré par cette valse grisante des défilés, des drapeaux, des tambours et des fanfares ? Comment ignorer les chantiers qui s'ouvrent partout, ne pas voir que, du jour au lendemain, ces pâles falots de chômeurs qui traînent dans les rues et autour des gares disparaissent, parce qu'ils ont trouvé du travail ?

Et les casernes qui se remplissent de soldats jeunes, frais, joyeux et enthousiastes. Comment résister à cet appel d'une jeunesse qui croit de nouveau à quelque chose ?

Comment ne pas devenir fou de joie lorsque l'on

voit ces nouveaux soldats allemands revenir sur la rive gauche du Rhin, entre Cologne et Trèves, sur cette vieille terre germanique administrée depuis des siècles par trois princes évêques de l'Église et arrachée à la mère patrie par Napoléon d'abord, et par le traité de Versailles ensuite ? Fini le rêve d'un Foch, d'avancer à nouveau la frontière de la France sur le Rhin. Fini le cauchemar séculaire de voir arriver les armées de la Révolution et du Corse pour dévaster les champs et les vignes, et qui croient porter la liberté, l'égalité et la fraternité au bout de leurs baïonnettes.

« Dans l'enceinte du Westwall [ligne Siegfried], chaque mètre carré, aussi bien à l'intérieur qu'à l'extérieur des fortifications, doit être défendu. Toutes les villes et tous les villages seront inclus dans la zone du combat, ce qui doit nous obliger à nous battre avec une détermination fanatique et forcer chaque homme capable de porter une arme à résister jusqu'à la mort. Chaque abri, chaque position doivent devenir des forteresses contre lesquelles l'ennemi doit se casser les reins, ou dans lesquelles la garnison allemande doit sombrer, dans une lutte à mort d'homme à homme, au cas où l'ennemi réussirait à gagner du terrain par manque d'initiative de la part d'un chef. Ce dernier devrait alors être traduit devant la cour martiale.

C'est encore Bockhoff qui parle. Il cite de mémoire une directive du haut commandement de la Wehrmacht envoyée en mars 1945 à tous les commandants du secteur du Westwall. Neuf ans, presque jour pour jour, après le retour de l'armée allemande sur la rive gauche du Rhin, la vague recule.

Bockhoff : « Décrire la situation avec les mots de cette directive sans doute inspirée par Hitler en personne était trop facile. La réalité était tout autre. Après la perte de mes quatre derniers chars Panther et le renvoi de ma dernière batterie de lance-roquettes, ayant épuisé toutes les munitions, au-delà du Rhin, il ne restait plus que quelques faibles éléments d'infanterie à l'ouest du fleuve. Le Westwall était déjà loin derrière nous. Je m'étais installé avec le reste de mon régiment dans les faubourgs de Cologne... »

Et ce guerrier fatigué, triste et incapable de formuler une pensée claire après tout ce qu'il avait vécu en cinq ans de guerre — le triomphe sur les cavaliers polonais, la chasse aux Anglais devant Dunkerque, les marches sinueuses à travers les montagnes des Balkans, l'avance vers les infinités russes jusqu'aux rives invisibles du majestueux Don, et le long, l'inhumain retour sur les frontières du Reich, la bataille à l'ouest perdue d'avance contre la formidable machine de guerre des Américains —, après tout ce long voyage fait d'honneur, de sang et d'ordures, l'ex-colonel Bockhoff confie cinquante ans plus tard, à l'âge de quatre-vingt-deux ans, ces mots désabusés : « La guerre est finie. Qui l'a gagnée ? Est-ce encore une question ? Il n'y a pas de gagnant dans une guerre. Les guerres naissent de la convoitise et de l'égoïsme des chefs. Ils sont incapables de régler les conflits pacifiquement. Que ces quelques lignes de mes remémorations servent à tous ceux qui n'ont pas connu les guerres, pour qu'ils prennent une attitude critique envers tous les conflits quels qu'ils soient. »

Oui, mais ! Bockhoff, Simon et tous les autres, tous ces millions de braves soldats de la Wehrmacht se sont-ils jamais posé la question de savoir à quoi ils avaient servi pendant ces cinq ans de guerre ? Pour ceux qui étaient nationaux-socialistes, la question ne se posait évidemment pas. On se battait pour le Führer, le grand Reich allemand, pour la grandeur de la patrie, pour l'espace vital du peuple allemand, pour le triomphe du national-socialisme sur toutes les autres idéologies, pour la race aryenne enfin déclarée supérieure à toutes les autres races humaines.

Et pour ceux qui ne l'étaient pas ? Ceux qui avaient reçu une éducation chrétienne, qui avaient été élevés dans une tradition bourgeoise ou aristocratique, avec des valeurs qui mettaient l'humanisme et l'amour du prochain au-dessus de la loi du plus fort ? Qui, nationaux-socialistes ou non, aimaient leur patrie et ne pouvaient pas supporter l'humiliation de Versailles ?

Ceux-ci furent la majorité en 1933. Mais la terreur exercée par les nouveaux maîtres du pays les avait vite fait rentrer dans le rang. Pouvait-on choisir son rang ? De tous les uniformes dont le national-socialisme avait gratifié le peuple allemand, il n'y en avait qu'un seul qui garantissât dans une certaine mesure la propreté et l'incorruptibilité, l'honneur et un rien de liberté. C'était le vert-de-gris de l'armée.

Il y avait aussi les vieux maréchaux du Kaiser qui étaient toujours là, un Hindenburg, un Mackensen, et sa douzaine de généraux qui servaient dans l'armée de l'armistice, la Reichswehr, et dont on connaissait l'aversion pour le nouveau régime. N'étaient-ils pas les garants de l'indépendance de l'armée par rapport au parti nazi ? Ne permettaient-ils pas aux consciences des soldats de servir la patrie sans se compromettre avec l'idéologie des nouveaux maîtres ? D'échapper à l'endoctrinement ? De rester plus tard, quant à la conduite de la guerre dans les limites du code d'honneur que toutes les armées du monde respectaient ?

La destruction de ce mythe — la Wehrmacht sans tache — a pris beaucoup de temps en Allemagne. Un demi-siècle. Elle a fait irruption dans la vie des Allemands avec la brutalité et l'imprévisibilité d'un ouragan. Comme toujours, ce sont les médias qui ont déclenché l'affaire, ils ont publié des lettres de soldats allemands écrites, il y a plus de cinquante ans, à leurs familles en Allemagne. Un industriel de Brême a organisé une exposition de documents et de photos prises par des soldats pendant le conflit. Le plus illustre des hebdomadaires de gauche, *Die Zeit*, a publié un supplément auquel il a donné un titre délibérément provocateur. Paraphrasant la célèbre loi n° 1 du soldat allemand, qui exige d'être obéissant jusqu'à la mort, et qui ornait pendant la guerre, dans les journaux, tant de faire-part de soldats tués au front, cet hebdomadaire avait titré :

« Obéissant jusqu'au meurtre ». Le ton de la publication était donné.

Ce fut un choc. Un gigantesque pavé dans la mare. Les ondes en parcourent encore le pays et ne s'arrêteront pas de sitôt. La Wehrmacht, affirment les historiens au-dessus de tout soupçon, a été l'outil efficace et consentant des puissants du IIIe Reich, pour la perpétration de l'holocauste. Des unités de l'armée qui n'étaient pas directement impliquées dans la liquidation des populations juives, tziganes et soviétiques en Europe de l'Est, dont les groupes d'action spéciaux SS avaient la charge, étaient très souvent utilisées pour la protection des lieux d'exécution, donc témoins directs des crimes.

Autre révélation : la Wehrmacht avait la responsabilité des prisonniers de guerre qu'elle faisait au cours de ses campagnes. Or, si les 1 500 000 prisonniers français ont été correctement traités, cinq millions de Soviétiques sont tombés entre ses mains. Deux seulement ont survécu.

Autre révélation : la Wehrmacht avait la responsabilité de la sécurité de ses communications en arrière du front. Ces arrières étaient occupés dans cette vaste Russie, par des dizaines de milliers de soldats soviétiques qui avaient échappé à l'encerclement pendant les grandes batailles de l'été 1941 et qui avaient constitué de puissantes armées de partisans. Pour les éliminer, on se servait d'une tactique simple : on brûlait les villages et on « séparait » la population civile des éléments armés. Pour ne pas s'encombrer de prisonniers supplémentaires, on passait les civils qualifiés de « suspects » par les armes.

Ondes de choc. La Wehrmacht n'agissait pas dans le vide. Elle obéissait aux ordres. Là où des cas de conscience auraient pu se poser chez tel ou tel officier, celui-ci pouvait se référer aux directives des plus hauts supérieurs. Dans leur préparation du procès de Nuremberg, les procureurs alliés ont trouvé ces directives datant du printemps ou de l'été 1941, donc avant le début de « Barbarossa », et émanant de commandants d'armées et de corps d'armées au-dessus de tout soupçon, tels les maréchaux et généraux : von Rundstedt, von Manstein ou von Reichenau. Ces ordres étaient des plus explicites.

Que disaient-ils ? Ils expliquaient que le judaïsme est l'éternel ennemi du peuple allemand, qu'il est l'allié du bolchevisme, et que si Allemagne ne profitait pas de l'occasion de cette campagne pour en finir une fois pour toutes avec cette peste, ce serait le judaïsme qui détruirait un jour l'Allemagne. Les soldats de la Wehrmacht n'avaient qu'à s'y tenir, et ils le faisaient ; pas tous, mais beaucoup.

Ondes de choc : l'Allemagne n'agissait pas seulement contre ses ennemis, mais contre ses propres alliés, une fois que ceux-ci avaient eu la coupable faiblesse de l'abandonner au milieu du gué. Les historiens dévoilent dans le supplément de l'hebdomadaire *Die Zeit* de quelle façon furent traités les Italiens après la destitution du Duce par le maréchal Badoglio en l'été 1943, comment la fureur teutonique s'est abattue sur les malheureux alliés d'hier, et quelle était la haine farouche de Hitler à l'égard de ces traîtres. Du jour au lendemain, les troupes italiennes furent déclarées ennemies et traitées en conséquence : rafles, arrestations, exécutions massives...

Révélations terribles : à Kalavrita au Péloponnèse, 13 décembre 1943. Une compagnie de chasseurs alpins allemands perd quatre-vingt-un hommes dans un combat avec des partisans grecs. La revanche intervient le surlendemain. Cinq cents hommes, femmes et enfants sont fusillés sur ordre du général von Le Suire.

La Crète. Village de Kondomari. Les parachutistes allemands massacrent tous les hommes pris en otage parce que quelques-uns de leurs camarades ont été tués au combat par les partisans.

Des Kondomari, des Kalavrita, des Ouradour-sur-Glane, combien y en a-t-il eu entre l'Atlantique et la Volga ?

Théo Sommer, le rédacteur en chef de *Die Zeit*, avait intitulé son commentaire des événements qu'il révèle dans son supplément : « La dictature de la guerre ».

Il y dénonce la perversité intrinsèque de toute guerre qui crée autant de héros que de criminels, et parfois des héros criminels, comme ces parachutistes allemands qui avaient pris en mai 1941, pour la première fois de l'Histoire, une île occupée par l'ennemi, et qui s'étaient laissés aller au crime de l'assassinat d'innocents. La perversité de toute guerre qui active, dit Sommer, toutes les passions, les nobles et les coupables, cette perversité qui fait que les guerres ont tendance à devenir plus cruelles avec la durée, qui fait que la dissuasion et l'exemplarité de la lutte contre la guérilla deviennent impératives dès que l'ennemi se confond avec la population. Cette perversité qui oblige les bombardiers du « monde libre » à venger les crimes des nationaux-socialistes en détruisant Dresde d'une manière militairement injustifiée. Cette dictature de la guerre qui fait que femmes et enfants, protégés depuis la fin du Moyen Age par des conventions établies par des sociétés de chevaliers, ne sont plus épargnés, que l'on peut déplacer des populations entières au gré d'une victoire. Onze millions d'Allemands en 1945, combien de millions en Palestine, en Bosnie, en Tchétchénie et au fin fond de l'Afrique ?

Richard von Weizsäcker, un des présidents de la RFA qui, au cours de son mandat, a marqué son époque, a prescrit à ses compatriotes de ne plus se cacher le passé et de l'affronter courageusement pour ne pas perdre l'avenir. Weizsäcker avait lui-même commandé une unité d'infanterie devant Leningrad. Splendeurs et misères de la guerre ne lui étaient pas inconnues. Son appel du 8 mai 1984 est-il en train d'être enfin entendu ?

Les Bockhoff et les Simon, soldats irréprochables, l'entendent-ils aussi ? Les pensées désabusées du vieux Bockhoff à propos de l'inutilité des guerres qui l'effleurent à la fin du conflit semblent l'indiquer. Il est touchant de voir comment ils s'accrochent à leurs souvenirs, à leur camaraderie de front, qui restent après tout leur seul trésor.

« La camaraderie, un lien qui nous lie tous. Camarades nous fûmes, camarades nous resterons », ont-ils intitulé la 154e feuille de communication de leur mutuelle. Ils y annoncent la 42e réunion des anciens de la 9e Panzerdivision depuis la guerre. Elle aura lieu comme tous les ans en Autriche et réunira les quelques milliers de survivants qui sont restés des « Allemands du Reich » comme ils le furent pendant les sept ans où l'Autriche appartenait à l'Allemagne hitlérienne. Soldats irréprochables, ils ont tous combattu uniquement au front, mille fois face à la mort, soudés à jamais par l'expérience unique de la confiance mutuelle totale, dans un danger commun. Un trésor précieux à conserver, en communion avec ceux qui sont tombés.

Comment ces vieux soldats du début du siècle réagiront-ils aux révélations des historiens d'une autre génération ? Dans ma très jeune enfance, on me faisait faire la prière du soir à genoux près de mon lit, à côté de mes frères et sœurs ; vers la fin de la prière, la gouvernante marquait une pause et ordonnait une « *Gewissenserforschung* » — un examen de conscience. Nous mettions nos mains devant notre visage et cherchions les petits péchés que nous aurions pu commettre au cours de la journée. Il paraît qu'un jour j'aurais violemment reproché à la préposée à mon éducation d'avoir oublié d'ordonner l'acte de contrition. Usage tombé en désuétude ou sacrifié sur l'autel des facilités. Mais usage salutaire à quiconque veut retrouver le fil de sa vie. Les Allemands semblent avoir perdu ce fil en 1945. Depuis un demi-siècle ils errent à la recherche d'une identité ; cette recherche n'est pas facilitée par les retrouvailles de la nation après la chute du mur de Berlin. On a menti pendant quarante ans aux Allemands de l'Est sur le passé nazi. La génération de la guerre a-t-elle enfin compris qu'elle avait suivi un homme et un régime fondamentalement mauvais ?

N'est-il pas temps de faire un examen de conscience ?

2

Les dix commandements du soldat allemand

Non, je n'ai fusillé personne. Je n'ai pas non plus commandé un peloton d'exécution. Je n'ai même pas assisté à une quelconque « action ». J'ai entendu parler d'un massacre. Et j'ai vu, en juin-juillet 1941, au début des combats en Russie, des soldats russes alignés dans un fossé le long d'une route, qui n'étaient visiblement pas tombés au combat, mais qui avaient été passés par les armes.

Voilà un rapide examen de ma conscience personnelle. Mais qu'en est-il de la conscience collective ?

22 juin 1941, 5 heures du matin. Je n'ai pas encore dix-neuf ans et je suis, depuis le 1er mai, lieutenant dans les blindés de l'armée allemande. Je commande une patrouille blindée dans le bataillon de reconnaissance de la 9e division, en allemand *Panzerdivision.*

Une demi-heure auparavant, j'ai appris par un camarade que nous étions en guerre avec l'Union soviétique. Quels étaient mes sentiments ?

A part l'excitation avant le premier combat — trop jeune, je n'avais pas participé aux quatre campagnes précédentes de la Wehrmacht, livrées en Pologne, en Norvège, en France et dans les Balkans —, j'avais, comme nous tous, mon opinion sur l'adversaire « très particulier » qui nous attendait. Cette fois-ci, ce ne serait pas un combat comme tous les autres, contre un adversaire « classique », à affronter avec des armes et avec une mentalité conventionnelles. On nous avait prévenus. Cette fois-ci, c'était contre un adversaire idéologique qu'il fallait se battre, un ennemi mortel, fanatisé, endoctriné, prêt à tout, instrument d'un appareil qui conditionne d'étendre le communisme au monde entier et dont la destruction du national-socialisme est une priorité. Un appareil créé et contrôlé, nous dit-on, par le judaïsme mondial, l'archi-ennemi des peuples, agent de décomposition dans leur chair, des races saines, responsable de la défaite de 1918, exécuteur du coup de poignard dans le dos de l'armée impériale, fomenteur de la révolution dans les ports de guerre et sur les ponts des cuirassés, pourrisseur de la culture allemande.

Voilà la Bible nouvelle. Voilà ce qu'on avait entendu depuis 1933. Invariablement, martialement. Dans les manifestations, dans les soirées d'endoctrinement de la Hitlerjungend, à la radio, dans les discours du Führer. Et, maintenant, dans les directives de nos plus hauts supérieurs. Le judéo-bolchevisme, à l'origine de tous les maux, devait être détruit une fois pour toutes. « Si nous ne réussissons pas à nous en débarrasser maintenant, il sera trop tard, et c'est lui qui détruira l'Allemagne », était-il dit. Nous avait-on transmis. Des directives émanant de nos plus hauts supérieurs militaires ? Je n'en ai pas un souvenir précis. Mais cette sorte de contre-fanatisme était en nous, c'est sûr, il était dans « l'air du temps ».

Telle était donc la préparation mentale au conflit qui venait de commencer. Quel était notre état d'esprit ? Moi-même, les soldats que je commandais, les autres officiers, le chef de notre bataillon, étions-nous des fanatiques, prêts, tels les chevaliers Teutoniques du XIVe siècle, à fondre sur le pays devant nous et à le rayer de la carte ?

Je ne les connaissais pas encore bien, mes hommes. J'avais rejoint la troupe en mai, quelques semaines après la fin de mon école d'officiers et ma promotion au rang de lieutenant, dans une petite ville des Sudètes. Début juin, nous avions fait mouvement vers l'est, à travers la Silésie et la Pologne, jusqu'à la ligne de démarcation entre l'Allemagne et l'Union soviétique. Ne sachant pas pourquoi nous étions là — nos deux pays étaient officiellement liés par un accord de coopération —, nous attendions que le Führer nous dévoile ses intentions. Et je profitais de ce moment pour pénétrer le mystère de l'âme de mes hommes, pour la plupart bien plus âgés que moi.

C'étaient des braves types, paysans autrichiens dans leur majorité, parsemés de quelques ouvriers industriels de la Ruhr et du Rhin. Ils avaient presque tous participé aux quatre campagnes précédentes, toutes victorieuses et relativement peu coûteuses en vies humaines. Leur expérience était en tout point positive, enivrante. Trois semaines pour en finir avec la Pologne, cinq pour le Danemark et la Norvège, cinq encore pour la France et un peu plus pour la Yougoslavie et la Grèce. L'Europe, de l'Atlantique jusqu'au Bug en Pologne, était allemande. Il restait l'autre grande puissance, la Russie des Soviets, pour se partager le continent, la Russie amie...

Ces soldats avaient des raisons d'être fiers. Ils avaient, sous la conduite de chefs décidés et géniaux, ouvert une nouvelle ère de l'art militaire, inaugurant la guerre éclair et montrant au monde comment venir à bout d'armées puissantes avec des moyens souvent inférieurs, en les utilisant au bon moment, d'une façon combinée et avec une rapidité révolutionnaire. La victoire leur était tombée entre les mains tel un fruit mûr. Quelle différence avec l'armée du Kaiser ! « Nous avons offert du champagne à nos chevaux, mais, gâtés, ils n'en voulaient pas », blaguions-nous en été 1940.

Ils n'avaient aucune difficulté à se montrer magnanimes avec les vaincus, généreux même. On s'était battu avec les honneurs, traitant l'ennemi selon les règles du jeu et les accords de Genève, et selon les « dix commandements du soldat allemand pour la conduite d'une guerre » que chacun d'eux portait sur lui, imprimés dans son « Soldbuch », son livret militaire, qui disait, entre autres :

« Le soldat allemand combat dans une attitude de chevalerie, pour la victoire de son peuple. Cruautés et destructions inutiles sont indignes de lui. » Ou encore, au commandement n° 3 : « Il est interdit de tuer un adversaire qui se rend, même s'il est un franc-tireur ou un espion. » Ou bien encore le commandement n° 7 : « La population civile est à épargner à tout prix. » Un adversaire blessé est à traiter d'une façon humaine. Il est interdit au soldat de piller ou de procéder à des destructions délibérées. Monuments, habitations, édifices de culte sont à protéger tout particulièrement. Des vivres et des services de la part de la population civile ne peuvent être acceptés que par un officier et contre remboursement. L'article 10 menace tout soldat allemand qui contrevient à ces commandements de punitions sévères.

Ils s'y étaient tenus, ces braves soldats du Grand Reich, le Reich réunifié en mars 1938 par l'Autrichien Adolf Hitler, après 177 ans de séparation entre les marches de l'Est et le reste de l'empire. Ils s'y étaient tenus avec la plus grande correction, en Pologne, en Scandinavie, en France surtout.

— Nous n'avons été cambriolés que par les Français et les Américains, me confirme, cinquante-cinq ans après, tel châtelain breton.

Jeune cavalier en « occupation » en France, après l'armistice de juin 40, je fus puni d'une corvée nocturne des écuries parce que ma monture, m'ayant échappé à l'abreuvoir, avait détérioré les champs entourant la ferme. N'a-t-on pas remarqué avec un certain étonnement, dans les annales de l'Occupation, que les soldats « boches » laissaient leur place aux dames dans le métro ? « Tenue impeccable » était la loi de fer de l'armée allemande, en toutes occasions et territoires...

Tenue impeccable. Était-ce encore le cas un an

plus tard, dans les Balkans ? Terre slave, terre musulmane, terre de partisans. Pour les troupes de combat, ce n'était qu'un passage éclair, comme toujours.

— Les Slovènes et les Croates nous recevaient en libérateurs, me racontent mes hommes.

Mais pour ceux qui les suivaient, les pauvres crapahuteurs de l'infanterie ou les bataillons de police, un cauchemar. Un cauchemar qui durait toujours et qui allait durer quatre longues années.

— Les Slaves sont des salauds, disait Auflitsch, mon sous-off, un « coureur de bois » du Tyrol, des faux-jetons qui ne respectent pas leur parole, tireurs dans le dos, tout juste bons à se balancer au bout d'une corde.

Je l'avais écouté en silence, le soir, auprès d'un feu, dans la cour de la ferme polonaise où nous étions logés ; il avait un cousin là-bas qui lui avait fait des rapports ahurissants sur les combats contre les partisans de Tito et, pire encore, les tueries entre oustachis croates et tcheniks serbes auxquelles les occupants assistaient, impuissants.

— Pourquoi nous brûler les mains dans cette saloperie ? demandait Auflitsch à la ronde, et les autres dodelinaient de la tête...

Était-ce un avant-goût de ce qui nous attendait dans la nouvelle guerre qui venait de commencer ? me demandais-je.

Les gens en face de nous étaient bien des Slaves. C'était donc une tout autre guerre que celle dont j'avais aperçu les traces dans la campagne, dans la douce France de 40. Je m'interrogeais sur l'état d'esprit de mes soldats. Avaient-ils déjà changé de mentalité sans s'en apercevoir ? Les contes du sous-officier Auflitsch au coin du feu, les ordres et directives entendus par-ci, par-là, les avaient-ils préparé à une autre attitude vis-à-vis du nouvel adversaire ? Les dix commandements du soldat allemand imprimés à la dernière page de leur *Soldbuch* étaient-ils encore de mise ? Il y avait aussi le *Kommissar-Befehl*, l'ordre émanant de la division, de passer par les armes tout commissaire politique de l'Armée rouge qui allait tomber entre nos mains. Il avait été lu devant tous les officiers du bataillon par le commandant en personne, avec la directive supplémentaire de ne pas l'exécuter pour le moment. Mais le seul fait de l'entendre nous avait choqués. Des adversaires faits prisonniers à abattre immédiatement, c'était du nouveau, totalement en rupture avec la tradition, ouvrant la voie à toutes les exactions.

Comment reconnaître un « politrouk » d'un soldat ordinaire ? « Aux cheveux », nous avait-on précisé. Le moujik ordinaire a le crâne rasé, les commissaires et autres agents du parti ont le cheveu long. Et les officiers ? Il y en a qui ont le cheveu long également, mais ils sont facilement reconnaissables des commissaires plus fanatisés, plus haïs par la troupe, en général dénoncés dès leur capture. Et ces commissaires ne sont-ils pas capables de fanatiser la résistance pour échapper à leur exécution ? On verra. « En tout cas, pas d'exaction contre qui que ce soit au bataillon de reconnaissance n° 9 jusqu'à nouvel ordre et aussi longtemps que je le commanderai », nous disait notre commandant, un aristocrate de Silésie.

Trois jours après cette conversation entre les officiers du bataillon — entre-temps, nous avions pénétré en Ukraine, désormais terre ennemie —, je voyais du haut de la tourelle de mon automitrailleuse des gens morts, alignés proprement le long de la petite route de campagne, sous les arbres, tous dans la même position, face contre terre. Ce n'étaient pas les morts de guerre que j'avais vus en France, quelques jours après la fin des combats, pas encore enterrés, étendus par-ci, par-là, tels qu'ils avaient été fauchés par la mitraille.

Non, ici avait régné visiblement le nouvel ordre allemand. Les gens avaient été alignés en rang avant d'avoir été tirés dans le dos, exécutés. Ils portaient tous le cheveu long. Ah ah, me disais-je, songeur, les commissaires ! L'unité responsable n'appartenait probablement pas à notre division. Car on nous avait assuré que l'ordre dit « commissaire » n'était pas applicable dans la 9e Panzerdivision. Ne fut-il pas suivi partout ailleurs ?

Je ne me suis sans doute pas longtemps attardé à réfléchir à la question. Qu'est-ce que cela pouvait changer au cours des choses ? Suivre ou ne pas suivre un ordre inhumain, contraire aux lois de la guerre ? Sans s'en rendre compte on change quand la mort devient familière.

Nous étions en terre ennemie, on avait changé de planète, la mort était au détour du chemin. La mort par-devant, par-derrière, par en haut, par en bas.

La mort derrière la fenêtre d'une petite *dushba*, au fond d'un champ de blé, à la lisière d'un bois.

Nous étions maintenant en terre hostile, étrangement contraire aux riants paysages de cette Pologne orientale devenue Ukraine après les accords Hitler-Staline. Nous étions les agresseurs, nous le savions, mais des agresseurs pour une bonne cause. Combattre, vaincre, écraser, extirper le bolchevisme une fois pour toutes. Repousser vers l'est les frontières de la barbarie judéo-asiatique. Sauver le monde civilisé de l'anéantissement. Porter la liberté aux peuples assujettis, porter l'ordre germanique à un monde atrocement sous-développé et arriéré, dans la tradition directe des chevaliers teutons. Conquérir, enfin, la terre nécessaire à l'épanouissement du génie allemand, de la race des seigneurs. Conquérir la terre là où la géographie nous poussait, dans l'immensité du continent euro-asiatique, et non pas, comme ce fut le cas pour nos ennemis occidentaux, au-delà des mers. Nous étions dans notre bon droit, un droit que même l'Histoire ne pouvait nous contester.

Oh, certes, des considérations de ce genre ne faisaient pas partie de mes pensées de commandant d'une patrouille blindée dont la tâche consistait à reconnaître jusqu'où l'armée soviétique s'était retirée devant nous, et dont le premier souci portait sur le bon fonctionnement de son canon de 20 et de sa radio. Mais je me sentais tout de même investi d'une mission supérieure. J'étais une espèce de croisé dans une nouvelle guerre religieuse contre l'athéisme, un fer de lance, gonflé à bloc par une propagande subtile, un véritable lavage de cerveau. Toutefois, où était-elle, cette armée du grand soir ? Elle se retirait devant nous. Où étaient-elles, les hordes de soldats de l'Armée rouge prétendument amassées par Staline sur la frontière occidentale pour tomber dans le dos d'un Reich occupé à anéantir l'Anglais ? Nulle part. M'en rendais-je compte, à l'époque, dans ma tête de petit lieutenant ? Non, bien sûr. Aujourd'hui, cinquante-cinq ans plus tard, j'écoute avec amusement les discussions entre historiens sur les vraies intentions du dictateur soviétique, en été 1941, et, en conséquence, sur le bon droit du dictateur allemand de déclencher une offensive préventive contre la Russie. Dans aucun des multiples témoignages dont je dispose — ils ne sont pas minces car quelques-uns de mes camarades de la promotion 1941 ont survécu au carnage — il n'est fait mention de gros combats au début de la campagne. Que ce soit dans le Nord, devant la Prusse orientale, où le terrain était pratiquement libre jusqu'au Niémen, au centre devant Bialystok et Brest où la résistance russe était quasiment nulle pendant la première semaine du conflit, ou dans le Sud, où je menais mes premières patrouilles assez tranquillement, bien au-delà du Bug marquant la ligne de démarcation.

Les « masses soviétiques » apparurent bien plus tard, dans les premiers jours de juillet, et devinrent vite la proie des grandes manœuvres d'encerclement lancées par nos généraux.

Ce n'était pas une guerre fraîche et joyeuse, loin de là. Nous avions peur. Peur de tomber entre les mains des Russes, sans doute ivres de revanche après avoir été surpris par notre attaque. Nous les savions cruels, surtout les « Mongols », nom générique rapidement donné aux représentants des multiples ethnies asiatiques de l'Empire rouge que nous trouvions, dès le début, en face de nous.

Nous avions vite compris que nous menions une lutte à mort entre deux idéologies inconciliables, avec très peu d'espoir d'en réchapper en cas de reddition. Bon nombre des blessés, que nous avions dû laisser sur place lors d'un engagement en va-et-vient, habituel dans les immenses forêts de l'Ukraine, furent trouvés assassinés, souvent d'une façon « asiatique ». Expérience inconnue des campagnes précédentes faisant monter la rage chez nos hommes.

Je connais le cas d'une unité engagée au nord du front qui, après avoir établi une tête de pont sur un affluent du Niémen, avait été massacrée en totalité lors d'une contre-attaque soviétique. En germe, les cruautés qui allaient marquer cette rencontre entre deux empires du mal étaient contenues dans ces premiers combats de juin/juillet 1941. Une guerre sans merci, voilà ce qui nous attendait. Une guerre qui avalerait la fleur de notre jeunesse, avilirait nos mœurs et creuserait, au bout de cinq années interminables, la tombe de l'armée allemande.

3

Les Juifs de Tarnopol

Devant nous la ville de Tarnopol. Ternopol pour les Ukrainiens. Capitale de la Galicie autrichienne jusqu'en 1918, marquée, dans ses édifices religieux et ses palais, par le baroque sud-allemand. Une cinquantaine de milliers d'habitants à l'époque, juifs pour la moitié. Un peu d'industrie, beaucoup de petits commerces. Située au cœur du « Judengraben », la fosse juive, comme nos soldats autrichiens appelaient la large ceinture juive allant, depuis la fin du Moyen Age, de la mer Noire à la Baltique en suivant la frontière polono-ukrainienne, Tarnopol est un des chefs-lieux du *Ostjudentum*, du judaïsme oriental.

Mais nous ignorons tout cela. Nous sommes le 7 juillet 1941. La guerre avec la Russie a tout juste un peu plus de deux semaines et, déjà, nous avons progressé de plus de cent kilomètres à l'intérieur de l'empire de Staline. Du haut de la rive droite du Sereth, nous contemplons la ville avec ses jolis clochers, ses maisons bourgeoises, sa forteresse du XVIe siècle, ses vastes jardins. Seule ombre au tableau : la grande gare de marchandises au sud de la ville, sur notre droite, devant laquelle s'entassent des trains bourrés de soldats et de matériel couleur brun de terre. L'ennemi est-il en train de fuir ou envoie-t-il des renforts pour la défense ?

Il ne faut pas perdre de temps. Une fois de plus, la vitesse est de mise. Notre bataillon forme la tête de la division. Une compagnie de fusiliers sur side-cars, accompagnée d'une batterie de petits canons 105 d'infanterie, et ma patrouille blindée de trois automitrailleuses sont lancées sur la route. Une route mal pavée, à la polonaise, qui descend en vrille vers une vallée faite de marécages avant de passer un petit pont sur le fleuve et de monter vers les contreforts de la ville qui se dresse, tel un immense amphithéâtre, sur la rive d'en face.

Il fait chaud, très chaud. On a peine à toucher nos armes tellement elles sont cuites par le soleil. Nous descendons en vitesse, faisant vibrer nos blindages, les pivots de nos canons de 20 et de nos mitrailleuses. Arrivés au niveau du fleuve, aucun feu ennemi ne nous attend. La surprise aurait-elle réussi ? Ce n'est qu'après avoir passé, toujours à une vitesse infernale, le petit pont de pierre et de bois, que les premières balles nous sifflent à l'oreille. Les fusiliers sautent par terre et se dispersent dans les premières maisons. Je riposte par une longue rafale de mon 20 ; les autres voitures me soutiennent avec leurs mitrailleuses. L'impact des balles fait voler en éclat fenêtres, pans de murs, grilles de balcons. Quand mon pied lâche la détente de mon canon, j'entends le claquement sec des balles ennemies sur le blindage de mon char. Trop exposé au feu adverse, j'ordonne au pilote de faire marche arrière. A cinquante mètres derrière nous, j'avais détecté un petit groupe de maisons offrant un abri. Par radio, je donne ordre à mes autres blindés de me suivre dans la retraite et de chercher refuge derrière la petite ferme.

Ce serait la journée la plus longue de ma guerre de quinze jours. Aujourd'hui encore, je la vis, heure par heure. La chaleur, les blessés, l'issue incertaine de l'engagement, la supériorité de l'ennemi, ses contre-attaques que nous avons furieusement repoussées, une poignée de fusiliers et mes neuf hommes d'équipage.

Les camarades qui meurent devant nos yeux parce que, sous le feu nourri des Russes, on ne peut pas les faire évacuer. Et l'attente... l'interminable attente des renforts appelés au secours par radio et par nos fusées de signalisation. Leur arrivée enfin, dans les derniers rayons du soleil couchant, et la furieuse prise de la ville, le combat de rues presque déjà nocturne, la percée jusqu'au centre, la poursuite des dernières troupes mongoles.

Ouf ! Quelle journée ! Nous tombons morts de fatigue. Le lendemain, nous pansons nos blessures. Aucune perte parmi mes hommes, mais une des automitrailleuses a la roue droite arrachée par un impact de pièce antichar. Il faut la laisser entre les mains des camarades du service de réparation du bataillon, sous la bonne garde du caporal Reiff, son chef. Un gars solide, fils d'un artisan du pays de

Bade, dont l'accent rocailleux trahit de loin l'alémanique.

C'est lui qui m'apprit la nouvelle. Trois jours plus tard. Nous avions repris notre avance vers l'est, vers l'éternel horizon plat et sans profil, ondulant entre une mer de champs de blé et une lumière qui se brisait sous la chaleur du midi. A travers des villages de plus en plus pauvres, à peine peuplés de quelques femmes et enfants, alignement de huttes minables le long de la route, espacées et isolées.

Le brasier estival avait explosé dans un de ces orages dont l'Ukraine a le secret. Une pluie diluvienne qui ne dure que dix minutes mais qui transforme le paysage en mer de boue. Le déchaînement des éléments s'était joint à un brusque renforcement de la résistance ennemie devant l'ancienne « ligne Staline ». La colonne bigarrée de camions, de canons, de chars et de véhicules d'état-major s'était complètement arrêtée, afin d'attendre l'assèchement de la nature et de redisposer les troupes pour l'assaut du premier obstacle sérieux qui se dressait devant nous.

— Mon lieutenant, allez voir Reiff qui raconte de drôles d'histoires depuis qu'il est revenu de Tarnopol, me dit Auflitsch à mon retour d'un briefing chez le commandant du bataillon.

Je trouve le Badois sous une tente que nous avions dressée la veille pour nous protéger de la pluie. Il n'est pas seul. Les autres hommes de la patrouille, Steininger, Horina, Jexenflicker et Klenner le Viennois qui n'arrête pas de chanter des ballades amoureuses de sa ville natale, font cercle autour de lui.

Reiff a ramené son automitrailleuse rafistolée il y a une heure à peine et raconte à ses camarades ce qu'il a vécu dans cette ville pendant l'attente forcée en vue de la réparation de sa monture.

Ce qu'il raconte est ahurissant. Le lendemain de la prise de la ville par nos troupes, les premiers éléments de la Waffen-SS-Division « Wiking » sont arrivés à Tarnopol. Une division mécanisée renforcée de quelques éléments blindés. Les gens de la Wiking sont formidables, redoutables. Ils avançaient sur notre droite depuis le début des hostilités, parfois éloignés, parfois mêlés à nous. Des types sur lesquels on pouvait compter, durs à cuire et bons camarades, joyeux, fiers d'eux-mêmes et rassurants. Leur division avait été obligée d'emprunter notre axe de progression depuis que deux ponts sur leur route avaient sauté.

— Eh ben, dit Reiff, ils sont restés deux jours et en ont profité pour assassiner tous les Juifs de la ville.

— Tous les Juifs ?

— Oui, tous les Juifs.

— Comment saviez-vous que c'étaient des Juifs ?

— Mais cela se voit, hein ? Leurs nez, leurs barbes, les drôles de vêtements. Et il y en avait, il y en avait.

— Combien de morts y avait-il ?

— Je ne sais pas, mais il y avait des cadavres partout, des tas de cadavres, contre les murs d'une place, le long d'un pont, par-dessus lequel ils en avaient également balancé dans le fleuve. Il y avait des civils, polonais ou ukrainiens, qui participaient à la chasse. Cela a duré toute une journée, et le lendemain ils ont recommencé. Un chef leur a intimé l'ordre d'économiser les munitions et de se servir de bêches et de pioches. Un type m'a surpris en train de prendre des photos, et il m'a arraché mon appareil.

Cinquante-cinq ans plus tard, je m'interroge. Quelle avait été notre réaction ? Ma réaction ? Ai-je rêvé tout cela. Ai-je gonflé, outre mesure, dans ma tête ce « fait divers » de ma campagne de Russie ? Ce crime était-il isolé ? Les auteurs en étaient-ils les formidables combattants de la Wiking ou plutôt les hommes d'un « groupe d'action » d'un *Einsatzcommando* qui seraient arrivés comme souvent au même moment, et qui portaient les mêmes uniformes que la Waffen-SS... ?

Le soldat témoin vit toujours dans sa bonne ville de Kehl. Mais il n'a jamais voulu en parler en public, tout en restant fidèle à son témoignage de ce 4 ou 5 juillet 1941.

J'ai un autre témoignage, d'un camarade de division qui, prêtre de son état, avait servi dans les services médicaux de notre unité. Ces services avaient installé un hôpital de campagne dans une des écoles de Tarnopol, et ce prêtre était devenu témoin du crime. Dans son témoignage publié en 1994 dans le *Mitteilungsblatt* de la 9e Panzerdivision, sous forme d'un journal de marche, il reste étrangement discret sur les événements. Il raconte d'abord qu'ayant entendu une fusillade dans la rue deux jours après la fin des combats, il avait demandé à un lieutenant d'infanterie de passage de détacher un élément de protection pour l'hôpital, bourré de blessés graves, afin de parer à toute éventualité. Et ce lieutenant allemand l'aurait apaisé en lui racontant qu'on fusillait des gens dans les rues et qu'il n'avait pas à s'en inquiéter. Le père Posch était sorti de son hôpital quelques heures plus tard, et il avait vu ce qui se passait. Mais il fait une description bien étrange de ce qu'il a vu, comme si, un demi-siècle plus tard, il éprouvait une gêne à exprimer toute la vérité.

« Je flâne à travers la ville. Triste spectacle. Des cadavres partout. Je rentre dans un grand magasin, il a été pillé par la population. Ici aussi des morts. Dans un escalier, j'aperçois le cadavre d'un homme, le crâne enfoncé par une sorte de canne qui l'a perforé et est ressortie par le visage de l'autre côté... »

Le père ne dit pas qui sont ces morts. Étrange pudeur ou précaution au moment où il a écrit ces phrases ? Son journal aurait pu tomber entre des mains peu sûres. J'ai voulu en savoir davantage et j'ai écrit à ce père, quelques semaines avant sa mort, à l'age de quatre-vingt-deux ans, en juillet 1994. Dans sa réponse, la même réticence. Oui, le souvenir de ces jours lui était pénible, disait-il, il ne souhaitait pas y revenir. Mais les faits seraient authentiques.

On avait répandu le bruit que le commandant de la Wiking, Eicke, avait été destitué de son commandement en signe de protestation. Je n'en ai jamais eu la preuve dans les correspondances que j'ai eues avec des historiens de la Waffen-SS. La promesse de l'un d'entre eux de faire la lumière sur l'affaire Tarnopol n'a jamais été tenue. Elle restera, comme beaucoup d'autres du même genre, engloutie au fond de l'Histoire et dans le subconscient des acteurs et des témoins.

Au fin fond du subconscient de tout le peuple allemand.

Comment vivre avec le souvenir de telles monstruosités ? Aujourd'hui, je m'interroge. Comment avait-on pu en arriver là ? Quelle longue détérioration de sentiments humains, quelle perte de conscience de civilisation pour en arriver à la haine et au mépris total de l'autre ? Qu'est-ce qui avait préparé les hommes au crime absolu ?

Je ne me souviens pas de ma réaction intérieure ce jour-là, ni de celle de mes hommes. Étions-nous pris dans un engrenage d'événements sanglants qui nous interdisait de penser à ce qui se passait ailleurs ? Un sentiment de rejet s'est certainement manifesté, ne serait-ce que par une expression des yeux, un mot caché, un hochement de la tête chez l'un ou l'autre. La discipline interdisait aux soldats allemands de critiquer les ordres et les actes d'un supérieur.

Ces soldats avaient, pour la plupart, « fait » les Balkans. Mais la campagne avait été une campagne propre et rapide. Ils n'avaient pas séjourné plus d'une journée au même endroit, en permanente avancée derrière un ennemi qui se retirait. La sale besogne, c'était pour les autres. Et cela ne commençait que beaucoup plus tard, sous « l'occupation », avec son cortège de terreur et de contre-terreur.

Mais ici, c'était autre chose. Cela s'était passé « à chaud » mais avec la tête froide. Deux jours seulement après l'occupation d'une ville, des troupes de combat, quoique n'appartenant pas à la Wehrmacht, avaient systématiquement massacré une partie de la population civile. La population juive.

La population juive, c'était presque toute la population. Des Juifs, il y en avait partout. Dans les petites villes de la Pologne que nous avions traversées lors de notre marche d'approche, où l'appareil de répression SS et policier était en place depuis deux ans avec son réseau de surveillance et de terreur, les signes d'une vie juive multiséculaire avaient été visibles partout, dans le commerce, grand ou petit, dans les synagogues, dans les rues et les petites places, même si les représentants de cette vie n'étaient plus là, parqués déjà dans les ghettos aux murs hauts et couronnés de barbelés. Parqués, comme on le sait aujourd'hui, en attente de la déportation vers les camps d'extermination.

En étions-nous émus ? A l'époque, nous ignorions cette destination finale. Personne ne nous l'aurait dit, évidemment. Ni Heinrich Himmler à Berlin, chef suprême de la SS, garde prétorienne du régime, ni le gros commandant SS dans ce petit bourg polonais qui nous avait offert son hospitalité un soir à notre passage, et qui avait rigolé avec nous de ces « bons petits youpins » dont il avait la charge. Peut-être lui non plus ne savait-il pas, à ce moment-là, ce qu'il fallait faire de cette racaille parquée et encombrante. Jusqu'au jour où il avait reçu ordre de mettre la machine en marche. Ces ordres étaient précis quoique anodins, donnés par un état-major parfaitement au point, un état-major parallèle, indépendant du haut commandement de la Wehrmacht, une chaîne de commandement autonome, impénétrable, occulte, mais très efficace, calquée sur l'exemple du grand état-major général impérial, couvrant un gigantesque territoire allant des côtes atlantiques au pôle Nord et aux rives des fleuves de la Russie.

Cela se passait la nuit, loin du territoire national, là-bas, dans les vastes étendues de l'Est...

A Tarnopol, nous avions su. Il y avait eu des témoins, de braves troufions de la Wehrmacht qui traînaient à l'étape et qui avaient assisté, les yeux grands ouverts, au métier de leurs jeunes camarades de la SS, prêtant ici une main, là, refusant l'autre.

Nom de Dieu ! Mais ils sont fous, ces gars. Abattre des gens comme ça, dans la rue, avec méthode, sans aucune hésitation, avec frénésie. C'est plus que révoltant.

Oui, mais qu'aurait-il fallu de plus pour se révolter ? Pour révolter toute une armée, tout un peuple. Les témoins de Tarnopol avaient-ils rapporté cela, comme Reiff, à tous leurs camarades ? Avaient-ils écrit à leurs parents, là-bas en Allemagne, ce qui se passait dans cette ville polono-ukrainienne ? En avaient-ils fait un rapport à leurs supérieurs ? Certes pas. Ils risquaient leur peau. Confier cela à une lettre de la Feldpost, du service postal des armées, était extrêmement dangereux, même si c'était fait en termes voilés. « Chère maman, cher papa, cela fait dix jours que je suis en campagne maintenant, il fait très chaud. Le Russe nous chauffe aussi pas mal. Mais nous lui donnons une bonne raclée. Ce sont des gens horribles, primitifs, vraiment bons à rien. Hier, j'ai assisté à une punition, dans une ville que la Wehrmacht avait prise il y a quatre jours et où je suis arrivé le lendemain... Ce n'était pas beau à voir mais il fallait en passer par là si on veut avoir la paix avec ces sous-hommes... » J'imagine qu'une telle lettre a pu arriver à l'époque dans tel ou tel foyer allemand. Le père Posch n'en a certainement pas parlé en de tels termes. Il a dû porter toute l'horreur du crime dans son cœur de prêtre mais, comme tous les autres soldats allemands présents à Tarnopol, il a dû se taire, se taire jusqu'à la fin du cauchemar nazi, et au-delà, jusqu'à sa propre mort.

Je m'interroge. Pourquoi cette indifférence vis-à-vis du peuple juif ? Pourquoi cette indolence ? En moi ? En nous tous ? Avais-je succombé, à dix-neuf ans, et parce que j'avais servi trois ans dans la Hitlerjugend, à la folie raciale des nazis ? Et celle-ci avait-elle pu surpasser les effets de mon éducation architraditionnelle et catholique, rhénane, antiberlinoise et tournée vers la France libérale, toute proche ? Annihiler quatre années de formation dans un internat de jésuites tournés vers la tolérance, l'amour du prochain, les exercices de l'esprit et la rigueur de l'analyse ?

Non. Elle n'avait pas eu de prise sur moi, cette folie raciale. Elle ne m'avait même pas été inculquée dans cette petite bande de joyeux drilles de Hitlerjungen que nous étions, boy-scouts en pantalons courts et chemises brunes, courant les bois plutôt, et tapant sur un tambour au lieu de suivre les cours d'endoctrinement de notre chef, à peine plus âgé que nous. Il y avait bien un refrain dans l'un de nos chants de marche, bizarre, grotesque, dont je me souviens : « ... et le sang juif giclera de nos couteaux »... Mais nous le chantions rarement, mécaniquement...

Un refrain idiot, irréel, sans rapport avec les mœurs, la tradition, écrit sans doute par un esprit malade, malade comme l'air de ces temps.

Et puis, mon père avait totalement rejeté cette doctrine abjecte, et pas uniquement dans son for intérieur. Investi de son autorité de général de l'armée impériale et de président de l'amicale locale des anciens combattants, il avait insisté sur la présence de deux camarades juifs à une commémoration patriotique de notre petite ville, contre l'avis d'une bande d'excités en chemises brunes qui voulaient les en écarter. Mais, au moins, il savait désormais à quoi s'en tenir à propos de ces nouveaux maîtres de l'Allemagne.

Acte combien isolé. Acte généreux, courageux peut-être, mais un acte sans aucune influence sur le cours des choses. Un cours ? Un gros fleuve dont les sources se perdent dans la nuit des temps. La haine du Juif. Les nouveaux maîtres de l'Allemagne savaient parfaitement qu'ils pouvaient bâtir leur doctrine sur un socle solide d'antisémitisme dont, il faut le préciser, l'Allemagne n'avait pas le monopole. Il y avait l'antisémitisme de salon qui commence avec la constatation que tel ou tel est un Juif. Qui n'avait épargné ni la maison régnante des

Hohenzollern, ni les plus hauts cercles de la société allemande qui, en dépit de relations de façade amicales avec les familles juives « arrivées », ne se lassaient pas de descendre la « juiverie » qui « avait pris tous les leviers de la vie publique, de la presse et de l'art ». Il y avait l'antisémitisme populaire, de la paysannerie — contre les marchands de bétail souvent juifs —, entretenu depuis 1933 par une campagne de presse antijuive permanente. C'est avec effroi que je trouve, cinquante ans après, dans un très beau recueil de textes sur la destruction de la petite communauté juive de ma ville natale, un article paru dans le journal local du parti nazi, le *Völkische Beobachter*, l'« Observateur du Peuple », où on livre à la vindicte des gens le fils de notre marchand de bétail, Léon Doublon, parce qu'il avait été vu, un soir, en compagnie d'une fille « aryenne » de la ville, se promenant au bord du fleuve. « Le jour ne tardera pas à venir où nous en finirons, une fois pour toutes, avec ces souilleurs de notre pure race germanique », concluait le pamphlet. Léon Doublon a disparu sans laisser de traces, comme les autres 4 607 Juifs de Wittlich qui ne sont jamais revenus. Mais les nazis savaient qu'ils pouvaient écrire de telles choses impunément, et même étaient-ils peut-être applaudis par la plupart. Personne n'aurait osé les contredire. Le microbe était dans la chair des gens, des salauds et des bien-pensants, et aucun pouvoir au monde, même pas l'Église catholique — qui détestait Judas —, ne pouvait, ne voulait fournir le vaccin qui aurait pu le détruire.

Si tant de gens avaient montré du doigt le « Ahasvérus », l'éternel Juif errant, si tant de gens nous avaient dit qu'il était à l'origine de tous les maux de l'humanité, si tant de gens nous avaient affirmé que la révolution de 1918, la république de Weimar, la prosternation devant les vainqueurs à Versailles, la perversion des mœurs et des arts à Berlin et à Munich étaient dus aux Juifs, comment s'étonner que nous fussions devenus indolents, indifférents devant le sort que l'on s'apprêtait à leur infliger ?

Alors ? Les quinze ou vingt mille Juifs de Tarnopol, ce jour du 6 ou 7 juillet 1941, qu'est-ce qu'ils représentaient vraiment pour ce pauvre petit lieutenant de Panzers qui était déjà devenu, imperceptiblement, un instrument de la grande machine qui broyait l'Europe depuis trois ans ?

La pluie avait cessé, les routes séchaient vite, on avait perdu beaucoup de temps, il fallait se dépêcher si l'on voulait battre la Russie avant Noël. Allez... en selle, Panzer... Marche !

4

Nous nous croyions irrésistibles

Et la marche avait repris. La marche, toutes les marches. La marche vers l'infini, vers la catastrophe, vers le désastre total. Une marche sans retour, sauf pour les blessés. Une marche dans l'enfer physique et moral.

Pays sans horizon. Encore plus fluide sous la cloche de la chaleur estivale. Aucune crête qui fixait le regard. A gauche et à droite de la « route », une mer de blé non récoltée, des cadavres, un camion abandonné à la hâte, la carcasse fumante d'un char, un puits, deux chevaux petits et maigres, à l'ombre d'une petite chapelle. Terre chrétienne, terre ô combien humaine, sous la chape de plomb du communisme depuis trente-quatre ans.

Je suis au front, un front mouvant car nous avançons de plus en plus vite vers le Dniepr, le premier des grands fleuves russes que nous allons traverser. Nous avons cassé la ligne Staline, en laissant quelques centaines de nos morts derrière nous. Nos régiments de fusiliers ont souffert. Il avait fallu prendre le terrain mètre par mètre, tuer le Russe dans son trou, à la grenade et à la baïonnette. La grosse machine allemande avait été ralentie quelques instants, telle une scie qui doit traverser le corps de l'arbre, et maintenant elle coupait à nouveau dans les parties molles. Le Russe, une fois délogé, il court...

J'avais acquis ma routine. Ordre de patrouille au petit matin. Deuxième ordre dès le retour de la première mission, dans l'après-midi. Chaque fois, on est seul, sans l'appui des camarades. Huit hommes, un canon, deux mitrailleuses, trois jumelles pour six paires d'yeux, une radio, et le « pif »... Et la baraka... Ne pas se faire toucher par un obus de pak, un canon antichar ennemi, petit engin sur deux roues, à peine plus grand qu'une bicyclette, invisible derrière une haie, une lisière de bois, une maison. Calibre 45, vitesse initiale 900 m/s. C'est dix fois trop pour notre ridicule blindage de 12 mm. Aucune chance de survie.

Un jour, j'ai trouvé le lieutenant Licht, camarade de promotion à l'École de guerre de Krampnitz, près de Potsdam, encore debout dans la tourelle de son automitrailleuse huit roues, le ventre affreusement déchiqueté, la figure en paix, mort. Un 45 russe avait frappé son char à la hauteur de la lunette du pilote et fait trois morts d'un seul coup, les deux pilotes et le commandant.

Mais on n'avait pas le temps d'avoir peur. On était en permanence fatigué, hyperfatigué. Dans une sorte d'état second, presque béatifiant : drogués. Sommeil ? Quelques heures, par terre, sous le char, et marche, marche... Dans un pays sans asphalte, sable, poussière, pierres, boue. Partout des vies terminées, en décomposition, que personne n'avait enterrées. Animaux et hommes mélangés, joignant leurs existences passées dans une affreuse odeur commune de pestilence douceâtre. La mort était devenue notre environnement naturel, la vie n'était plus qu'un état de transition, destiné à être interrompu à n'importe quel moment. Comment avoir peur ? Peut-on avoir peur dans un état de « suspension » permanent ? La question donne envie de rire.

Mais quelle était la valeur de la vie ? De la vie d'un Allemand ? Trente, quarante des nôtres alignés au bord d'un champ, en attente d'être recouverts de terre. Affreusement mutilés, baignant dans des flaques de sang séché, tous grades confondus, les yeux ouverts, tournés vers le ciel. Quelle était la valeur de leurs vies ?

Tombés pour le Führer, le peuple et le *Vaterland* — telle était la formule sacrée —, enveloppés dans un bout de tissu de tente, ensevelis sous trente centimètres de terre, une croix en bois de bouleau surmontée du casque d'acier, et, s'il y avait le temps, une salve hâtive, le nom, le grade, la date. Le tout était visible à distance car le bois de bouleau est blanc, blanc comme le ciel de Russie en été.

Chez les SS, il n'y avait pas de croix, cela simplifiait la procédure. Un morceau de bois taillé, planté dans la terre, un casque par-dessus, et ces mystérieux sigles qu'ils utilisaient pour marquer une date, la date de la mort d'un SS. Ces sigles qui les reliaient aux ancêtres germaniques, aux peuples du

Nord, aux Aryens, aux fils de la lumière, ces sigles qu'ils appelaient *Runen* et qui avaient toujours un rapport mystérieux avec la vie et la mort. Pour moi, c'étaient des sigles païens que je n'arrivais pas à déchiffrer. Païens, comme leur comportement vis-à-vis de la mort. Croyaient-ils à une vie après la mort ? Ils n'avaient pas d'aumôniers, comme nous, pour faire une prière. Mais ils saluaient leurs copains tombés, du salut hitlérien, avant de les recouvrir de terre, le bras droit, raide, la main tendue.

Et les Russes ? Quelle était la valeur d'une vie pour eux ? Puisqu'ils couraient sans cesse, ils n'avaient jamais le temps d'enterrer leurs morts. Je n'ai jamais vu une sépulture russe de ma vie. Parfois une carabine plantée de travers dans la terre, comme oubliée, sans nom, sans date. Par contre, des cadavres en masse, effroyables. Dans certains champs, ils formaient de larges cercles tels qu'ils avaient été fauchés par le feu de nos chars ou de nos avions. La couleur de leurs tenues se confondait avec celle du blé. Il fallait y regarder à deux fois pour les découvrir. Certains de nos soldats les photographiaient pour leurs albums de souvenirs. Triomphe sur les *Untermenschen*. Quelle était la valeur de la vie d'un Untermensch ?

On ne s'occupait pas des morts ennemis, j'ignore encore aujourd'hui qui s'en chargeait. Ce dut être un sacré travail. Sans doute fait par les prisonniers, ces prisonniers qui devenaient de plus en plus nombreux et que nous regardions avec des sentiments mitigés de curiosité et de dédain. Quelle extraordinaire mélange de peuples qui marchaient là, au bord de notre *Rollbahn*, le dos courbé, l'expression vide.

Nous avions vu les Nègres de l'armée française — les Hindous et les Arabes chez les Anglais —, applaudi notre propagande qui nous présentait ces auxiliaires des démocraties occidentales, de race inférieure, comme la preuve la plus visible de leur décadence. Et maintenant, c'étaient les auxiliaires du bolchevisme, héritiers du vieil impérialisme des tsars, utilisés comme chair à canon par la révolution mondiale, sans le moindre scrupule. Yeux bridés, pommettes hautes, nez plats, les Mongols et les Tatares défilaient sous nos tourelles, en sens inverse. Tombés dans nos pièges, récoltés par notre savoir-faire. Heureuse Allemagne, sauvée de cette racaille.

Ah... la racaille ! On nous en rebattait les oreilles à la *Grossdeutschesradio*, le soir, lorsque nous avions le temps de l'écouter dans nos récepteurs. Le Führer avait sauvé in extremis le Reich, en prévenant une attaque de Staline, protégé l'Allemagne d'une invasion mortelle. Il avait retourné le glaive qui devait l'abattre contre l'ennemi juré des peuples, le bolchevique et le Juif. Et maintenant, nos armées victorieuses fonçaient sur Moscou, taillaient l'Armée rouge en pièces.

Sondermeldung, bulletin spécial. Les fanfares des préludes de Liszt avec leur crescendo triomphal, suivies de la voix mélodieuse du speaker : « *Aus dem Führerhauptquartier wird gemeldet...* », bulletin spécial émanant du grand quartier du Führer. Un chapelet de noms de grandes villes prises à l'ennemi, tous les jours, Byalistok, Minsk, Smolensk, Odessa, Krivoy Rog, Dnjepropetrowsk, Nikopol, Saporoshïe, Nikolaïev. Cent mille prisonniers ici, deux cent mille là. N'en jetez plus !

Nous avions fait cela. Nous étions toujours des soldats victorieux, irrésistibles, comme en Pologne, en France, en Scandinavie, dans les Balkans. L'Europe à nos pieds. L'Union soviétique, aux trois quarts battue au bout de six semaines. C'était encore plus invraisemblable que la victoire sur la France, tout simplement fabuleux, nous serions à la maison à Noël. Ah, ce diable de Hitler, capable de tout...

Nous étions devenus, chacun d'entre nous, un rouage parfait dans cette grande broyeuse qui mangeait la Russie. De très bons techniciens de la mort et de la destruction. Nos canons fonctionnaient à merveille, en dépit des tonnes de sable qu'on leur donnait à avaler tous les jours. Un demi-chargeur de vingt coups de 20 suffisait à faire exploser un petit camion Ford de trois tonnes bourré de Russes ou de munitions, parfois des deux. Un coup de 88 de notre gros Flak contre un Klim Woroschilow KW 2 de cinquante-deux tonnes, et le monstre s'immobilisait en fumée. Quatre mitrailleuses 42 suffisaient à faucher en quelques minutes toute une compagnie de Mongols, à condition qu'on n'ouvrît le feu qu'à cinquante mètres. J'étais devenu un rouage de cette machine et faisais bien mon boulot. A dix-neuf ans, c'est un plaisir. On ne cesse de trinquer... à l'aventure, à la gloire, à la satisfaction profonde. Quel monde d'hommes ! La première distinction avait fleuri à la boutonnière de ma vareuse noire de tankiste, le ruban de la croix de Fer deuxième classe. Noir, blanc et rouge, les couleurs de l'Allemagne impériale, maintenues par les nazis. A présent je faisais partie de l'ordre mystérieux des combattants. Des combattants du nouvel ordre en Europe. Un ordre germanique. Comme au temps des croisés. *Führer befiehl, wir folgen !* pouvait-on lire sur nos lèvres, « Führer commande, nous te suivons... ! ».

C'est à cette époque-là que j'ai dû écrire cette lettre bizarre à ma mère, qu'un de mes fils m'a mis sous le nez trente ans plus tard à Munich. Il l'avait trouvée dans une petite commode en bois de chêne dans laquelle ma mère rangeait toutes les lettres de guerre qu'elle avait reçues de ses cinq fils, et qui avait atterri dans les affaires d'un de mes neveux bavarois lors du partage des biens de nos parents après leur mort.

— Pappi, est-ce que tu as vraiment fait cela ? me demandait mon fils, les yeux pleins de reproches.

J'avais en effet, au mois de juillet 1941, raconté, dans l'une des multiples lettres que j'avais écrites à la hâte entre deux mouvements, que j'avais été contraint, devant la multiplication des actes de sabotage et d'embuscades auxquels l'ennemi se livrait pour ralentir notre progression, de faire fusiller un petit nombre de partisans tombés entre nos mains. Je sais que je ne l'ai pas fait. Mais je n'ai pas besoin d'un quelconque psychiatre aux armées pour expliquer le phénomène. J'étais très jeune, « à peine sec derrière les oreilles » comme on dit dans mon pays. La petite gloire réelle accrochée à mon fanion et méritée dans les modestes exploits ne suffisait pas à mes yeux à me hausser à la hauteur d'un véritable guerrier dans une croisade. Il fallait que je me montre intraitable vis-à-vis d'un ennemi qui nous vouait à la mort, jusqu'à ordonner une exécution de prisonniers. Cela correspondait à l'air du temps, cela faisait partie du climat, cela avait un parfum totalitaire. Ah, ces croisés, ces intouchables, ces terribles dont je faisais partie... Il fallait en rajouter, là-bas à la maison, pour être plus crédible, plus admiré.

Je ne sais pas quelle avait été la réaction de ma pauvre mère à cette lettre. Elle ne m'en a jamais parlé. Elle a dû la ranger parmi les autres et vite oublier. Mon père, à qui elle ne montrait probablement pas toutes les lettres de ses fils, m'aurait sans doute tiré les oreilles. Mais cette petite supercherie n'était-elle pas pour autant significative du climat qui régnait au front russe en cet été 1941 ? J'ai essayé d'en brosser le tableau plus haut. Nous luttions contre un adversaire qui était totalement différent de tous ceux que nous avions connus auparavant, dont nous savions qu'il ne nous ferait pas le moindre cadeau en cas de capitulation. Nos blessés abattus, parfois dans les ambulances sur le chemin du retour à l'hôpital de campagne, dans des forêts infestées de troupes qui ne voulaient pas se rendre, nous en donnaient la preuve quotidiennement.

Tant que nous avancions, nous n'avions pas grand-chose à craindre, mais au fur et à mesure que nous gagnions du terrain, que nous faisions plus de prisonniers, que nos lignes de ravitaillement s'allongeaient, nous sentions la fragilité de nos triomphes, le provisoire d'une position atteinte. La sensation d'être des voyageurs sur une mer démontée s'était emparée de nous. Ne surtout pas tomber du bateau, en finir le plus vite possible avec ce voyage dans l'inconnu, en finir avec cette hydre à laquelle poussaient sans cesse de nouvelles têtes.

Une fois le Dniepr atteint et dépassé, les combats devinrent plus rudes. Jusqu'à ce grand fleuve qui parcourt la Russie blanche et l'Ukraine formant de gros méandres du nord au sud, nous avions mené une guerre joyeuse, une guerre de poursuite rappelant les grands raids de Panzers dans les plaines du nord de la France. La nature y était presque aussi abondante et nous inondait de fruits de la terre, généreusement donnés par une population peu hostile, plutôt amicale envers l'envahisseur en qui elle avait pu voir un instant un libérateur. Le soleil d'été nous avait peints en noir, la couleur de la terre d'Ukraine. Nous nous étions fondus dans ce pays qui ne nous lâchait plus et qui nous collait à la peau, avec ses couleurs, ses odeurs et ses horizons. Maintenant, le théâtre et le climat avaient changé. La terre, sous le pâle soleil d'automne, était devenue terne, sans expression. La pluie s'était mise à tomber, fine et pénétrante, signe avant-coureur des souffrances qui, sous peu, allaient s'abattre sur nous. Les maisons étaient devenues plus pauvres, moins riantes. Toujours pas de routes fermes, rien que la Rollbahn, cette route improvisée faite de traces de roues et de chenilles de chars qui se perdent à l'horizon, bordée çà et là par des flèches de signalisation, portant le sigle de telle ou telle unité, pour que tout le monde se retrouve le soir.

Les hommes aussi avaient changé, ou plutôt les femmes et les enfants qui restaient les seuls occupants des pauvres habitations. Ils ne nous souriaient plus, se cachaient à notre approche, ne répondaient plus à nos interrogations. Nous étions arrivés en Russie profonde. Certains paysages ukrainiens, tel lac ou tel pâté de maisons autour d'une église chrétienne, avaient encore un vague air de ressemblance avec une contrée poméranienne ou silésienne. Ici, à l'est du Dniepr, nous étions plongés dans un autre monde, dans une autre civilisation, en retard de deux cents ans sur la nôtre, une terre faite pour nous arrêter, nous immerger.

L'ennemi aussi avait changé. Il était brusquement devenu plus farouche, plus déterminé, moins démoralisé. Fini les coups de tronçonneuses dans une armée en retraite, prête à se rendre, en petits groupes, à une poignée d'automitrailleuses qui leur tirait une rafale de 20. Ici, on se dressait, on ripostait de tous les côtés. Il fallait s'imposer, forcer un barrage de pak pour pouvoir continuer sa route.

Nos pertes devenaient sensibles. On nous prêta des fusiliers portés pour augmenter notre puissance de pénétration. Désormais, il fallait se battre pour progresser. L'arme à feu avait remplacé les jumelles et la radio.

La 9e Panzerdivision formait, dès son passage du Dniepr à la hauteur de la ville de Krementschug, la mâchoire sud d'une gigantesque pince qui devait se refermer sur la dernière grande armée russe à l'ouest de Moscou, l'armée du maréchal Boudienny. La bataille, plus tard baptisée « bataille de Kiev », dura trois semaines, de la fin de l'été 1941 jusqu'aux premiers froids. L'automne russe n'est guère long.

Mes souvenirs sont teintés de rouge. Les pertes furent effroyables des deux côtés. Une fois de plus, pour en finir avec le Russe, il fallait le débusquer dans son trou. Pour dix Russes tués, trois des nôtres devaient mordre la poussière. J'ai vu trois généraux ennemis morts dans une forêt, le fusil à la main. Ils s'étaient battus jusqu'au dernier souffle contre nos grenadiers. Pour la première fois, je fus dans la mêlée, entendant le claquement angoissant des balles qui passent à quelques centimètres de la tête, éclaboussé par le sang d'un camarade tué à mes côtés.

Et pourtant, lorsque la bataille fut finie, nous avions remporté une grande victoire. La plus grande depuis le début de la campagne. Un butin fabuleux. Presque un million de prisonniers.

L'hydre avait-elle perdu la dernière tête ? Ne lui en pousserait-il plus aucune autre ? Nulle part ? La route de Moscou devait être libre à présent. Avec un peu de chance nous y serions avant l'hiver. Il fallait se hâter en tout cas. Notre matériel commençait à donner des signes de fatigue. Nos rangs s'étaient éclaircis, la machine avait des ratés, le ravitaillement se faisait attendre. Nous étions loin, terriblement loin de nos bases.

5

Pour nous, les Russes n'étaient plus des sous-hommes

Non, la route de Moscou n'était pas ouverte. Nous n'y parviendrions pas avant l'hiver. Nous n'allions jamais y arriver. Jamais. Mais nous mîmes un certain temps à nous en apercevoir.

Cela commença avec les petites pluies fines d'automne. Ce n'étaient plus les précipitations violentes et courtes des orages ukrainiens qui transformaient la terre noire en savon bleuâtre et séchaient tout aussi vite pour nous rendre notre mobilité. C'était une pluie qui tombait nuit et jour, pénétrait la terre, profondément, durablement. Pénétrait les tourelles de nos chars, mouillant nos munitions et nos pauvres réserves de pain. Nous forçant à rentrer dans les petites maisons des villages pour trouver, la nuit, un peu de repos sur la paille sèche, au milieu des punaises, des puces, des poux et des hommes que nous avions chassés de leur unique pièce afin de trouver la place de poser notre paquetage et nos membres raides de fatigue.

Oui, l'ours russe, un moment assommé par notre brusque attaque, allait rendre les coups maintenant, avec ses quatre pattes à la fois, la boue, le gel, l'espace et l'héroïsme de ses soldats. Deux semaines après la victoire de Kiev, la 9e Panzerdivision, étalée sur trois cents kilomètres entre le Dniepr et Kursk, était figée dans la boue. Un de mes camarades officiers, tué en été 1942 sur la Shisdra, avait pris des photos de cette épopée qui ne trouve pas sa pareille, sur aucun terrain d'Europe. Je les ai laissées entre les mains d'un officier de renseignements britannique en 1945 qui s'y intéressait de très près, Dieu sait pourquoi, peut-être dans la perspective d'une guerre des démocraties contre Staline le vainqueur du Reich. On y voyait de longues colonnes de voitures de toutes sortes immobilisées d'une manière grotesque, sur une mer de terre glaise, tels des poissons jetés sur le rivage. A côté, nos soldats, les bottes profondément enfoncées dans la boue, agitant désespérément leurs pelles dans le vain espoir de relancer leurs montures.

J'ai examiné souvent un de ces documents ; il montrait un de nos chauffeurs d'automitrailleuse, Karl Weigel, un beau Viennois d'une trentaine d'années, dans la mêlée depuis la Pologne, appuyé sur le flanc de son blindé, la pelle sous le coude. Son visage exprimait tous les malheurs de l'armée allemande. Le brusque et imprévisible passage d'un instrument magnifique, mobile et rapide, garantie de toutes les victoires, à un ramassis d'outils désuets, inutiles et encombrants ; le doute que cette folle entreprise puisse être menée à terme se lisait sur le visage du soldat. Privée de son meilleur atout, la mobilité, cette armée de Blitzkrieg allait être dans quelques semaines, voire quelques jours, ramenée au niveau d'une armée de fantassins de la Première Guerre mondiale, condamnée à une guerre de position. Ce que Weigel exprimait, ce mélange de fatigue, de désespoir et de doute, correspondait bien à notre état d'esprit à tous, en ce début de l'hiver 1941. Nos officiers commençaient, paraît-il, à lire Caulaincourt pour en savoir plus sur les énigmes de la Russie.

Ils en avaient le temps pendant les quatre semaines où rien ne bougeait plus, enfermés, sous le feu de l'artillerie russe, dans des misérables masures sans eau et sans lumière, si ce n'est une lampe à pétrole, sous un ciel éternellement blafard qui touchait la terre.

Notre foi en la victoire, du moins en la victoire rapide, avait reçu un rude coup. Ce n'est qu'à la fin d'octobre, lorsque nous eûmes réussi à faire venir quelques chars réparés et quelques tracteurs d'artillerie chenillés de l'arrière, que nous pûmes reprendre une avancée pénible. L'ennemi s'était une fois de plus retiré devant nous, jouant l'espace, comme en 1812. Ainsi nous offrit-il la ville de Kursk, base tant convoitée pour le dernier assaut sur Moscou, pour abriter nos arrières en vue de la saison rude que nous avions devant nous.

Lorsque le froid arriva enfin, un froid hésitant d'abord, accompagné de brusques dégels qui retransformaient la terre en marais, nous reprîmes la marche vers l'est. Elle devait s'arrêter à cent kilomètres de Kursk, à la mi-novembre, dans une « ligne d'hiver » appuyée sur quelques villages perdus autour d'une petite ville au nom romantique de

Schtschigry. A présent, le paysage s'était recouvert de neige, et le thermomètre était tombé à moins 25. Il devait continuer à tomber pour atteindre son point le plus bas, aux environs de moins 50, à la fin de janvier 1942.

Les souffrances du soldat allemand pendant cet hiver de 1941-42 ont été décrites dans de multiples ouvrages et ont impressionné nos anciens adversaires. Elles ont même impressionné nos généraux et maréchaux qui ont pris leur plus belle plume pour écrire à Adolf Hitler afin qu'il épargne le pire à ses combattants. Mais le Führer restait, comme tout le monde le sait, intraitable, et des historiens assurent qu'il a sauvé en agissant ainsi — c'est-à-dire en interdisant tout repli — l'armée allemande d'un désastre napoléonien.

Mes souvenirs de cet hiver ne me quitteront pas. Bizarrement, je lie toujours la neige, une contrée enneigée, à ce souvenir. Sept mois durant, nous avons vécu dans un univers blanc. Tout mouvement d'engin motorisé étant impossible, nous étions tous devenus des fantassins, et nous vivions la vie d'un fantassin qui sait que tout abandon d'une position abritée, d'un village ou d'un alignement de tranchées couvertes signifiait la mort sûre, la mort par balle, la mort de froid. D'où ces combats farouches autour des maisons que nous avions choisies et desquelles les Russes essayaient de nous déloger. D'où ces hécatombes que nous faisions parmi les attaquants sibériens en chemises blanches, tant que nos armes fonctionnaient. D'où nos pertes effroyables, par le feu ennemi, par le froid, par les maladies, réduisant les effectifs de nos compagnies à trente, voire quinze hommes.

Nous ne pensions plus à Moscou. Nous pensions à la survie, à revoir le printemps, à revoir l'Allemagne. Ceux d'entre nous qui avaient momentanément sauvé leur vie en se faisant blesser risquaient de la perdre sur la route du pays. Car nos lignes arrières n'étaient plus du tout sûres. Il n'y avait qu'une chance sur deux de ne pas tomber dans les mains des partisans russes pendant le long chemin de retour.

Nous avions perdu le sentiment de l'invincibilité, de la supériorité absolue sur l'adversaire. Les Russes étaient devenus nos égaux, et souvent supérieurs. Ils étaient inégalables en combat d'hiver, infiniment mieux équipés que nous qui tombions d'une improvisation dans l'autre. L'idée que nous nous faisions du peuple ennemi avait changé du tout au tout. Nous, les combattants du front, commencions à voir les autres comme des êtres humains. Nous partagions, lorsqu'une pause dans les combats nous laissait quelque répit, la vie des populations civiles pendant les jours courts et les longues nuits d'hiver. Que découvrions-nous alors ? Des hommes simples, réservés mais non hostiles, profondément croyants, vénérant les icônes qui ne manquaient dans aucune pièce, visiblement très loin du communisme, mais patriotes et solidement enracinés dans le sol de leur pays.

Étaient-ce vraiment des Untermenschen ? Nous doutions, une nouvelle fois, de la propagande officielle. Certes, ces vieux hommes et ces vieilles femmes, privés de leurs enfants en âge de se battre, avaient un niveau de vie affreusement bas, incomparable à celui de l'Occident, cent, peut-être deux cents ans en arrière par rapport à l'Europe de l'Ouest. C'était du pur Tolstoï au milieu du XXe siècle. Mais n'avaient-ils pas une grande supériorité culturelle sur nous ? N'étaient-ils pas des philosophes que la foi et la façon de regarder les choses avaient rendus imperméables à l'idéologie marxiste qui s'était emparée, seulement vingt ans auparavant, de leur pays ? Étaient-ils vraiment nos ennemis ? Pas plutôt des alliés dans la défense de nos âmes contre les totalitarismes ?

Et nous vivions ce que mon camarade et ami Friedrich-Wilhelm Christians, plus tard un des patrons de la Deutsche Bank, a nommé dans ses Mémoires la « schizophrénie de la guerre ». Devenus amis des Russes qui partageaient leur toit pour un temps avec nous, nous étions obligés de tirer sur leurs fils dès que l'alarme sonnait et qu'une nouvelle vague d'assaillants se ruait sur nous. Souvent nous nous sommes posé la question de savoir ce qui était arrivé à nos hôtes après que, comme souvent, submergés par l'ennemi supérieur en nombre, nous avons été forcés de laisser derrière nous nos morts et ces hommes et ces femmes. De multiples témoignages de combattants allemands parlent de l'étrange symbiose qui s'était établie dans les masures russes. Il m'arrive de contempler une photo, prise par un camarade tué six mois plus tard au sud d'Orel, qui nous montre autour du photographe le jour de son mariage « à distance » avec sa fiancée munichoise, entourés des habitants de notre petite maison, tous souriants. Sourire éphémère sans doute, figé pour le siècle. Est-il exact que les commissaires de Staline sévissaient contre la population civile des territoires que nous avions abandonnés pour donner une leçon à tout collaborateur potentiel ?

Les combats redoublèrent d'intensité au fur et à mesure que le « général Frost » nous tenait dans ses griffes. Les Russes appliquèrent nos méthodes de Blitzkrieg, en plein hiver, car ils étaient plus mobiles sur la neige que nous. Ils débordèrent nos positions, la nuit, avançant avec des bataillons entiers à skis et nous attaquant au petit matin, dans le dos. Nos forces faiblirent. Il fut de plus en plus difficile de se tirer de l'étreinte mortelle des Sibériens et de gagner une position de repli. Nos blessés légers n'avaient aucune chance d'être évacués. Ceux qui étaient capables de tenir un fusil à la main furent inclus dans nos lignes de défense. Souvent, ils défendirent le point d'appui médical du bataillon comme le décrit le Dr Haape, médecin au 3e bataillon du 18e régiment d'infanterie, commandé par un de mes frères, pour sauver la vie de leurs camarades blessés plus gravement. Témoignage bouleversant que ce livre du médecin qui porte le titre de *Endstation Moskau* (« Terminal Moscou »), car la 6e division d'infanterie à laquelle appartenait ce régiment faisait partie des divisions de la Wehrmacht qui avaient atteint les faubourgs de la capitale soviétique, fin novembre 1941. En temps de paix, les soldats de cette division auraient pu prendre un ticket de tramway pour se rendre de leur position à la Place Rouge. Mais « Terminal Moscou » revêt, devant le drame de cette armée, une tout autre dimension. Moscou, c'était pour nous le terminal de la guerre, la crête de notre offensive, le point du retour sur la vague. Nos reins étaient cassés. Plus j'y pense, un demi-siècle plus tard, plus je suis convaincu que l'Allemagne hitlérienne a perdu la guerre en hiver 1941 devant Moscou.

Témoignage bouleversant d'un héroïsme exemplaire de ces soldats d'hiver sacrifiés pour le maintien du front. Héroïsme anonyme, vain et humain. Ces hommes étaient-ils des criminels ? Non, certes pas. Ils développèrent, au contraire, quotidiennement, les plus nobles qualités de l'homme vis-à-vis de leurs camarades, et, souvent, vis-à-vis des hommes et des femmes du peuple qu'ils combattaient. Le Dr Haape a souvent pansé les blessures d'un prisonnier russe et, à ses heures libres, reçu la visite de tel ou tel civil malade. Nous partagions nos rations avec des prisonniers avant de les évacuer vers un destin bien moins certain. Nous prenions les civils avec nous, avec leurs chevaux et leurs chariots, insérés dans nos pauvres colonnes motorisées, si une retraite ordonnée était possible.

Un autre exemple montre à quel point notre opinion sur « le Russe » avait changé depuis les mois d'été, raconté par l'ex-major Ernst Rhein. Il commandait un autre bataillon du 18e régiment, lors des combats encore plus cruels autour de la ville de Rschew, trois cents kilomètres à l'ouest de Moscou, bastion central du front de l'est de mars 1942 à mai

1944, sans doute le Verdun de la Deuxième Guerre mondiale.

Les combats autour de Rschew comportaient toutes les horreurs d'une guerre de position. Duels d'artillerie interminables, attaques de chars, prise et reprise d'un bastion de tranchées, combat à l'arme blanche homme contre homme, pluie, neige, boue et gel alternant, pendant trois longs hivers, bataillons exsangues au bout de deux semaines de combats.

Rhein raconte que les combats les plus durs se sont déroulés au début de l'hiver 1942-43, lorsqu'une brusque offensive russe portée sur quatre fronts autour de Rschew avait percé les positions allemandes et presque encerclé la ville. Le 18e régiment fut chargé de contre-attaquer, avec son 1er bataillon, des éléments de la 1re armée blindée de gardes russes qui avaient effectué une percée de vingt kilomètres au sud-ouest de Rschew et de restituer le front antérieur. Cette dernière partie de l'ordre fut exécutée au terme de quatre jours de combats très durs par moins 35° et sous une tempête de neige. Mais un fort contingent ennemi avait pu se maintenir dans ses positions de percée, derrière le nouveau front allemand, et menaçait de s'unir avec des éléments qui continuaient à attaquer les positions allemandes sur le front principal et de faire tomber ensuite tout le dispositif allemand au sud de Rschew.

Les hommes du colonel Becker, commandant le 18e régiment, se battirent comme des lions sur deux fronts, dix jours durant. Ils surent qui était en face d'eux : le colonel russe Nikitine, vieil adversaire du temps des combats de l'hiver 1941 devant Moscou, dont ils avaient appris le nom par des prisonniers. Becker et ses hommes ne réussirent pas à enfoncer la poche dans laquelle ils avaient enfermé Nikitine. Au contraire, par un assaut surprise dans la nuit du 12 au 13 décembre 1942, Nikitine, avec six cents hommes et vingt chars T 34, attaqua le 1er bataillon du 18e dans le dos, alors que les fantassins westphaliens devaient se défendre durement contre une offensive trois fois plus puissante portée par le général Doroschenko. Nikitine et Doroschenko purent se rejoindre, mais les Allemands avaient réussi à maintenir l'intégrité de leur dispositif de défense.

« Brusquement, un grand soulagement s'empara de nous. C'était comme si un arc tendu jusqu'à l'extrême s'était détendu d'un seul coup », écrit le lieutenant Austermann, commandant à l'âge de vingt et un ans du 1er bataillon. Le major Rhein, chroniqueur du régiment, raconte la suite. « Becker réunit les officiers et les sous-officiers du secteur autour de lui. " Il a tout de même réussi son coup, murmura le vieux colonel, un type formidable, ce Nikitine. " Puis il appela son ordonnance. " Teesen, apporte du schnaps ! " L'ordre exécuté, Becker leva son verre : " Messieurs, je bois à la santé du colonel Nikitine et de ses soldats ! "

« Il était ainsi, notre colonel Becker, un soldat exemplaire, qui payait l'ennemi de son respect, après dix jours de combats meurtriers. »

Fait isolé ? Fait bizarre en tout cas, qui montre bien à quel point la mentalité des officiers allemands au front avait changé en ce deuxième hiver russe. Mais cela ne remettait pas en cause la boucherie exercée par chacun des deux camps.

Quelques jours plus tard seulement, juste avant Noël, un nouvel assaut furieux des Russes contre le saillant de Rschew avait été brutalement stoppé par les grenadiers du colonel Becker.

— Venez voir, il n'y a que des Russes morts ici ! s'exclame le jeune caporal Max Hunziger de la 5e compagnie du 1er bataillon, qui, faute de sous-offs, commande la section.

Les armes viennent seulement de se taire. Il est huit heures du matin ce 22 décembre 1942, et le jour commence à pointer. Deux compagnies russes avaient attaqué dès six heures, comme toujours à la jonction entre les hommes du 18e grenadier et leurs voisins de la Grossdeutschland. Mais les Westphaliens s'y étaient préparés et avaient truffé la neige devant leurs tranchées de mines antipersonnel et mis en batterie leurs nouvelles mitrailleuses 42 qui tiraient quinze cents projectiles à la minute. L'accueil fait aux assaillants fut meurtrier. Les dernières balles tirées, Hunziger ne tint plus dans son trou, il voulait voir ce que ses « nouveaux jouets », les 42, étaient capables d'accomplir.

— Venez tous voir, venez, il y en a partout !

Et sa chronique d'ajouter, cinquante ans plus tard : « Ils étaient étalés là, dans la neige, comme des poupées, peut-être au nombre de cent ou plus, les yeux figés et les membres tordus de manière grotesque, sur le sol de la forêt. Les gens de la

Grossdeutschland venaient nous féliciter. Ils n'avaient eu aucune perte... »

Hunziger et ses hommes avaient apporté leur part, comme les nuits et les jours précédents de cette interminable bataille, aux vingt millions de morts que la guerre de 1940-1945 avait coûté aux peuples de Staline. J'ignore si le caporal a survécu à la guerre. La chronique du régiment ne mentionne pas si le récit est extrait d'une de ses lettres à ses parents. Il a fait son devoir. Il a défendu sa patrie contre les « hordes venues de la steppe ». C'était le front. C'était une explication entre combattants à égalité de chances. C'était une guerre conventionnelle.

Mais les autres ? Ceux qui ne combattaient pas en première ligne ? Ceux qui « tenaient le terrain » et « assuraient la sécurité de l'arrière » ?

Au moment où le caporal Hunziger repoussait l'assaut des Sibériens au sud de Rschew avant de fêter Noël avec ses camarades dans un abri improvisé autour d'un arbre, l'Allemagne occupait la totalité de la Pologne, de l'Ukraine, des pays baltes, de la Crimée, de la Norvège, du Danemark, des Balkans, de la Libye, de la France, de la Belgique, des Pays-Bas. Pour tenir cette masse de quelque dix-sept peuples sous sa botte, elle avait mobilisé environ quinze millions de ses fils dont, en hiver 1942, quelque trois millions tenaient le front de l'est allemand allant de Leningrad au nord à l'embouchure du Don dans la mer d'Asow au sud. Le reste, soit douze millions, avait la désagréable tâche de veiller à ce que le désir des peuples occupés de se libérer du joug allemand fût étouffé dans l'œuf et à ce que les administrateurs du régime national-socialiste en vareuse brune, ou noire, puissent exécuter le programme de germanisation des territoires slaves.

On sait maintenant quelles horreurs se cachaient derrière cette notion de « germanisation ». Les hommes en uniforme de la Wehrmacht, qui occupaient chaque ville, chaque village, chaque route et chaque pont entre la Vistule et le Don, étaient-ils seulement des témoins, ou bien des exécutants de ce programme ?

6

La Bérézina

L'appétit de Hitler n'était pas assouvi en ce printemps 1942 qui nous avait apporté la fin du cauchemar de l'hiver. Il avait, de par sa seule volonté, sauvé le front de l'est et maintenu une ligne ininterrompue passant à seulement deux cent cinquante kilomètres à l'ouest de Moscou. Il voulait s'emparer des objectifs économiques indispensables à la stratégie impériale : le charbon du Donetz, les blés du Don, et surtout le pétrole du Caucase. En juin 1942, un an, à une semaine près, après son premier assaut contre la Russie soviétique, le Führer ordonnait à ses armées le deuxième grand saut vers l'est. Un saut qui devait nous porter jusqu'à la Volga et la mer Caspienne, et vers la défaite définitive...

Pendant précisément vingt-huit jours, j'ai assisté à ce deuxième assaut avant qu'une blessure grave, reçue sur les rives du Don, n'achève ma randonnée en Russie. J'en garde des souvenirs mitigés. Un formidable et miraculeux rebondissement de notre bonne vieille machine de guerre et, avec cela, la renaissance de notre sentiment de supériorité. Nous étions pleins de confiance en nos armes renouvelées, en la qualité de nos chefs et de nos hommes. Avoir assisté au rouleau compresseur de notre combinaison feu-mouvement en ce 28 juin 1942, début de notre nouvelle offensive, voir les longues colonnes de Panzers neufs s'élancer à travers la brèche ouverte par notre artillerie, nos batteries de roquettes et nos Stukas à la poursuite d'un ennemi visiblement à nouveau démoralisé, fait partie de mes souvenirs de guerre les plus émouvants. Mais nous allions bientôt déchanter. Les Russes s'étaient vite repris et offraient dès le troisième jour de notre offensive une résistance habile, mélange de contre-attaque et d'abandon brusque de terrain, suivant l'exemple de Koutousov devant Napoléon. Élément nouveau : l'aviation ennemie, avec ses harcèlements nocturnes (bombardiers) et diurnes (chasseurs-bombardiers), nous dérangeait passablement. Les livraisons massives de matériel américain, chars, avions, camions, que nos sous-marins basés dans la mer de Spitzbergen ne pouvaient interdire, se faisaient désagréablement sentir.

Et l'hydre s'était enrichie de nouvelles têtes. La masse de chars T 34, supérieurs à nos Panzers III et IV, était impressionnante. Leur vitesse et la souplesse de leur maniement nous surprenaient. Nos pertes augmentaient.

Et nous sentions, tel un boxeur qui se trouve au milieu de la distance, que nous ne pouvions plus vaincre par KO et qu'une victoire aux points relèverait du miracle.

Mais nous y croyions encore. Quoi ? Nous gagnions du terrain, tous les jours. Cent, deux cents kilomètres. Le Tim, l'Oskol, le Ksen et enfin le Don ; Woronesh, la grande ville industrielle au bord du fleuve majestueux.

Nous savions encore prendre des villages et des villes, selon les bonnes méthodes éprouvées tant de fois, raids rapides de Panzers, suivis du canon de 88, le meilleur dont nous disposions, feu nourri d'armes automatiques en cas de résistance, Stukas au besoin, et attaques de fusiliers pour parachever la besogne. Dawai, Dawai. Nuits et jours. Pas de sommeil hormis un assoupissement dans la niche de la tourelle. Hyperfatigue, hypertension. Où diable se trouvent les limites physiques de l'homme ? Nous avions vu nos urines transformées en stalactites en pissant à moins 45°. Maintenant, pour la deuxième fois dans cette campagne inhumaine, nous étions devenus des robots de guerre, obéissant au réflexe de Pavlov. Charger, tirer, envoyer une radio, courir après un abri, se faire plat comme une limande devant le souffle des orgues de Staline, partir à la reconnaissance du voisin à travers un champ de blé incertain, revenir, courber l'échine derrière le bouclier d'un pak et hurler un ordre de tir à cinquante mètres d'un T 34, voir un Panzer III en flammes et entendre le hurlement d'un camarade qui se consume vivant. Charger, tirer, dormir, casser une croûte, faire ses besoins en scrutant le ciel, ne jamais se laver ou changer de chemise. La mort se chargerait de la toilette du combattant...

Y croyions-nous vraiment ? La Russie n'était pas battue, nous le savions. Elle ne le serait probablement jamais. Mais il fallait y croire. Ne pas abandonner. Nous avancions. Quand nous perdions un char, deux autres arrivaient le lendemain, dont un tout neuf sortant de l'usine. Le ravitaillement fonctionnait, même si nos lignes vives devenaient de plus en plus longues. Le Reich produisait encore de l'armement en abondance, en dépit des bombardements alliés qui commençaient à se faire sentir. Avec cette formidable machine à produire dans le dos, avec nos ingénieurs, techniciens, spécialistes du chemin de fer, nous n'avions pas à douter de notre *Endsieg*, de la victoire finale, n'est-ce pas ?

Et l'horizon ? Et le ciel ? Les champs de blé, une fois le Tim passé, avaient laissé place aux vastes étendues d'herbe gris jaunâtre de la steppe. Toujours cette plaine désolée, coupée de brusques crevasses profondes, comme si la terre s'ouvrait subitement devant nos pieds pour nous interdire la progression. Que diable, où était encore passé le Russe ? Plus trace de lui depuis des heures. La question à peine posée, il était là. Jaillissant d'une Balka, fonçant dans notre dos, un paquet de vingt T 34 qui se confondait avec la lumière fluorescente de l'horizon brûlant, et offrait une cible floue aux yeux rouges de fatigue de nos pointeurs de 88. Brève rencontre violente à midi. Dix morts chez nous, deux chars perdus, trois T 34 fumants qui restent en carafe. En avant, marche...

Mon appartenance à ce corps magnifique que formaient nos divisions blindées de l'été 42 se termina vers la fin du mois de juillet par une blessure qui me jeta à terre pour neuf mois.

Ma première pensée à la sortie d'un long coma fut celle d'un douloureux déchirement. J'avais été arraché à ma famille, au monde auquel j'avais appartenu pendant dix-huit longs mois, à cette conjuration d'hommes incomparablement cohérente qu'est la camaraderie de la guerre. Hier encore, je faisais partie de cet ordre des *morituri*, de ceux qui sont destinés à mourir à chaque instant, mais qui, pour pouvoir supporter leur sort, sont assurés de ne jamais être abandonnés par qui que ce soit. De ne jamais être trompés, de ne jamais trouver, nulle part, la bassesse. Cette camaraderie était le plus magnifique cadeau que nous nous fîmes. Le plus sûr filet de sécurité pour les acrobates casse-cou que nous fûmes, enfants guerriers de vingt ans et déjà hommes mûrs trempés dans un moule d'acier.

Et maintenant ? Je me trouvais seul, pauvre fétu de chair parmi d'autres, au milieu d'un tas de paille sous les arbres d'une pommeraie russe. Ce n'est que trois réveils plus tard que le sentiment d'être sauvé de la mort l'emporterait sur celui d'une douloureuse séparation, remplacée finalement par la joie de retrouver les miens. La guerre. Elle continuerait, mais sans moi. Je la regarderais du dehors maintenant, à distance, à froid.

Certains copains étaient arrachés, chacun à son tour, à la communauté par la mort ou par une blessure, d'autres continuaient à foncer avec des effectifs de plus en plus réduits, vers le sud de l'Union soviétique, le long du Don, vers Kalatsch, la vieille forteresse kalmouk qui garde le passage entre le Don et la Volga, à l'ouest de Stalingrad.

Et là, l'erreur fatale intervint. Au lieu de continuer vers le sud, de s'unir avec les troupes allemandes venant de Charkow et du Donetz, pour boucler une poche et y enfermer un groupe d'armée russe entier, à la façon de la bataille de Kiev, la 6e armée du général Paulus à laquelle j'avais appartenu se dirigeait vers Stalingrad, « la ville de Staline », pour y périr et signer ainsi la fin de l'aventure hitlérienne en Russie.

Fin glorieuse et tout à fait wagnérienne. Crépuscule des Dieux grandeur nature. Sacrifice inouï élevé par la propagande goebbelsienne en ultime preuve de l'héroïsme allemand, uniquement comparable à l'autodafé des héros spartiates aux Thermopyles. Le tournant de la guerre tant attendu par les peuples d'Europe en esclavage.

Deux cent quatre-vingt mille des nôtres étaient partis à l'assaut de Stalingrad, six mille en sont revenus treize ans plus tard, lorsque le chancelier d'une nouvelle Allemagne, Konrad Adenauer, avait obtenu des Soviétiques le retour des derniers prisonniers allemands.

Mais la guerre ne se termine pas d'un seul coup. Elle casse son ressort, pourtant le moteur continue de tourner, avec des ratés et des rebondissements.

La vague allemande avait atteint sa crête exponentielle sur les bords de la Volga et à cent kilomètres de la mer Caspienne (mon frère aîné, commandant une compagnie de chars dans un régiment berlinois, avait occupé la ville de Mozdok aux confins de la Tchétchénie), pour reculer enfin et ne plus s'arrêter avant Berlin.

C'était une longue retraite, ponctuée d'arrêts et de reprises, contre-attaques éperdues comme devant Kursk et Orel en juillet 1943, où, dans la plus grande bataille de chars de toute la guerre, la Wehrmacht montrait pour l'une des dernières fois ses dents, comme elle le fit encore à l'ouest et dix-sept mois plus tard, à la bataille des Ardennes. Elle montrait et se cassait les dents devant une Armée rouge devenue supérieure en effectifs, en matériel et en mobilité, étouffant dans l'œuf la tentative de nos généraux de reprendre l'initiative à l'est. Tout l'héroïsme de nos équipages de chars et de nos Panzer-grenadiers était vain, vaine aussi la confiance en nos nouveaux chars tels les Panthers et les Tigres, vaine l'abnégation des femmes dans les usines de munitions, vain le sacrifice silencieux des esclaves dans les ateliers souterrains d'armement du Reich. L'hécatombe permanente qui sévissait sur le front commençait à payer. La fleur de notre génération était anéantie et, avec ce qui restait, il n'y avait plus grand-chose à gagner. On s'arrêta encore une fois à la hauteur du Dniepr, mais pas pour longtemps. La pression russe était devenue irrésistible, et une aura d'invicibilité précédait chaque attaque de l'Armée rouge, démoralisant les défenseurs. Comme une maison qui ne tient plus que par quelques pans de mur et s'effondre d'un coup, le front du centre allemand s'affaissa, dans un fracas épouvantable, en quelques semaines en été 1944, sur la Bérézina, accélérant la *finis Germaniae*.

Je me réfère, une fois de plus, pour symboliser le drame de cette armée que j'aimais sans aucun état d'âme et dont la tragédie est d'avoir servi d'instrument à la perpétration du plus monstrueux crime de l'Histoire, au récit du commandant Rhein sur la fin de son régiment, le 18ᵉ d'infanterie, dans ces plaines ukrainiennes où, cent trente-deux ans plus tôt, la grande armée du Corse avait rendu l'âme.

Ce régiment avait tenu, dans le cadre de la 6ᵉ division d'infanterie appartenant à la 9ᵉ armée depuis le mois de décembre 1943, une position de défense sur le Dniepr, à soixante-dix kilomètres à l'est de la ville de Bobruisk située, elle, sur la Bérézina. C'est le 22 juin 1944, jour du troisième anniversaire de l'attaque de Hitler contre l'Union soviétique, que les troupes du général Rokossowski commencent leur offensive contre le groupe d'armée Centre du maréchal Model. Elles la détruisent en quarante-huit heures. Les positions de la 6ᵉ division ne sont attaquées que le 25. Déjà contournée sur les trois quarts de son front par les chars de Rokossowski, le commandant de la division ordonne enfin à ses troupes le repli sur Bobruisk, le long de la route Shlobine-Bobruisk. Le 18ᵉ régiment, encore « sûr de lui-même et d'un moral combatif à toute épreuve », se met en marche dans la nuit du 25. Mais les officiers sont inquiets. Ils ne disposent d'aucune indication sur la situation du front au nord et au sud. Par contre, les bombardements intensifs de l'aviation ennemie sur les arrières de la division se font entendre, pendant deux nuits et un jour. Le régiment se replie en bon ordre, sans être harcelé par l'ennemi, sur Bobruisk. Ce n'est que le 27 juin que les Russes passent à l'attaque directe de la ville devant laquelle les grenadiers westphaliens ont érigé leur dernière position. Le lieutenant Schmude, commandant la 11e compagnie du 18e régiment d'infanterie, raconte :

« Le Russe ne sait pas et ne peut croire que nous ne disposons plus d'aucun armement lourd, pas d'artillerie, pas de chars, pas d'aviation. Nous sommes seuls. Des carabines, quelques mitrailleuses et un pak de 37. Nous pouvons compter nos munitions sur les doigts de nos mains. Plus de ravitaillement. Pourquoi diable ? Personne ne le sait. Peut-être trouverons-nous encore une caisse de cartouches quelque part, quelques grenades à main, un peu de pain. Nous comptons sur un peu de chance. Derrière nous, au-delà des forêts marécageuses, la Bérézina... Le ciel est rouge de feu. Bobruisk brûle-t-elle ?

« Le commandant du bataillon, le capitaine Denneke, nous convoque dans sa hutte. Nous formons un cercle autour de lui, à la lumière d'une bougie. Denneke parle : “ Nous détruisons notre équipement lourd, nous n'emportons que des munitions et de quoi manger... ”, et, après une pause, c'est un “ Napoléon... sauve qui peut... ”. Il est à bout. Nous aussi. Pas d'autre explication. Jusqu'à ce jour, je n'avais pas compris ce qui s'était passé. Nous quittons l'isba du capitaine et retournons avec nos hommes, amers, la rage au cœur ; nous taisons nos sentiments d'abandon. »

Ce que le lieutenant Schmude ne peut pas savoir, c'est que, la veille, les deux autres bataillons du régiment ont été anéantis sous le poids de l'offensive russe, rayés de la carte, ne laissant que quelques hommes pris de panique.

Sur le chemin de sa retraite vers Bobruisk, il trouve dans les forêts de la Bérézina ce qui constituait jadis le train du régiment.

« Nous atteignons la lisière du bois. Un petit vent déchire les brumes matinales et nous montre ce que nous sommes incapables de croire. Non seulement notre régiment, mais toute la 6ᵉ division ont été détruits. Des centaines de véhicules de toutes sortes, armes et équipement pêle-mêle, des chevaux et des hommes sont entassés par-dessus, par-dessous, couverts par des branches d'arbres arrachées par la bombarde. Des troncs déchiquetés se dressent partout. Tous ces véhicules portent, à n'en pas douter, l'insigne de notre division. Voici l'explication des explosions ininterrompues que nous avons entendues toute la journée, hier, derrière nous. Qui a donné, en dépit de toutes les expériences, l'ordre de faire converger tout le train sur cette seule route menant au pont sur la Bérézina ? Ce que nous voyons est la destruction de notre division, de notre régiment, aucune troupe ne peut se relever d'un tel désastre. Notre dernier espoir s'en est allé. »

Les hommes du 18ᵉ régiment d'infanterie, sous les ordres de leurs officiers, ont essayé les jours suivants d'échapper à la captivité en se faufilant, par petits paquets, à travers les colonnes de l'adversaire triomphant, dans une tentative désespérée de rejoindre ce qui restait d'un front allemand à soixante-dix kilomètres au nord. Tous ne réussirent pas, loin de là. Les Russes faisaient ample moisson, réalisant la percée définitive avant l'assaut final contre le Reich. A quelques douzaines près, tous les hommes du régiment furent faits prisonniers. Quelques-uns d'entre eux, dix mille, prirent part au défilé historique des prisonniers allemands à travers Moscou au début du mois de juillet. Beaucoup s'étaient battus jusqu'à l'avant-dernière cartouche, se donnant la dernière balle pour ne pas tomber vivants aux mains des Soviets qu'ils croyaient tous fanatisés et assoiffés de revanche. Parmi eux se trouvèrent les commandants du 1er et du 2e bataillon, les capitaines Denneke et Hellweg, ainsi que le commandant du dernier groupe de combat du régiment, le capitaine Schlecht.

Ces officiers et ceux de leurs hommes qui les avaient suivis dans le suicide n'avaient certes pas à se reprocher quoi que ce soit dans leur conduite de la guerre. Mais ils étaient victimes des méfaits de certains de leurs semblables, victimes de l'opprobre qui s'était abattu sur les Allemands. Victimes aussi d'une propagande incessante qui décrivait l'armée ennemie, non plus comme un ramassis de sous-hommes à éliminer de la surface de la terre, mais, depuis que le bonheur des armes avait tourné, comme une « horde asiatique vengeresse », à laquelle il fallait opposer la plus farouche résistance.

Les autres, ceux qui n'avaient pas trouvé la force de commettre l'acte suprême, ont payé la défaite chèrement, souvent de leur vie. Le général Hamann, qui commandait la « forteresse » de Bobruisk, fut pendu par les Russes. Je cite le récit du commandant Rhein du RI 18 : « Une fin tragique attendait les centaines de blessés graves qui avaient été entassés, à l'abri des bombes, dans les casemates de la forteresse de la ville pour y être traités. Suivant les rapports crédibles et venant indépendamment de plusieurs témoins oculaires, ils furent tous, y compris le personnel médical, assassinés de sang-froid. » L'impossibilité de s'occuper correctement de ses blessés, la destruction de son régiment et l'effondrement de tous ses espoirs de pouvoir reconduire son régiment à la « maison » avaient incité le commandant du 18e régiment, le colonel Stefan Höke, lui-même grièvement blessé dans les combats entre le Dniepr et la Bérézina, à se donner la mort sur son lit d'hôpital. Lors de sa dernière permission avant le déclenchement de l'offensive russe, il avait dit à sa femme : « Si tu vois fleurir les roses de Noël, je ne serai plus. »

Désespoir, désenchantement, le sentiment d'un « crépuscule des Dieux » auquel on ne peut échapper. Dans beaucoup de récits de survivants se reflète ce sentiment d'impuissance vis-à-vis des forces occultes du destin qui frappe les combattants allemands après la catastrophe de la Bérézina. Y avait-il aussi un vague sentiment de peur du châtiment sévère ? D'autres récits racontent les tentatives de petits groupes de se sauver à travers les lignes russes, en marchant la nuit et se cachant le jour dans les forêts abandonnées par les partisans. Ceux qui cédèrent à la fatigue et demandèrent un gîte aux habitants d'une masure se trouvèrent au petit matin face aux bouches de mitraillettes russes. On les avait dénoncés.

Parmi ceux qui défilèrent, vaincus, humiliés, ridiculisés et conspués, dans les rues de la capitale soviétique, se trouvait aussi le lieutenant Schmude. Comme beaucoup d'autres, il n'avait pas pu échapper à la captivité. Lui et son camarade, le lieutenant Scheiter, se retrouvèrent au milieu des dix mille prisonniers que l'on avait amassés dans un stade au nord de Moscou. Divisés en plusieurs « blocs de marche » de deux cents hommes, on leur donnait, avant que la colonne ne se mette en mouvement, une soupe faite de choux gras. Presque aucun des généraux, officiers et hommes de troupe n'avait mangé depuis plusieurs jours et ils se précipitaient sur la nourriture inespérée. Le festin terminé (Scheiter : « Beaucoup sont littéralement morts d'avoir absorbé cette masse gluante »), l'ordre fut donné d'avancer, vingt-sept officiers en tête. Scheiter : « Nous étions trop abrutis pour comprendre immédiatement le danger auquel nous étions exposés. Peu de temps après avoir quitté le stade, nous fûmes brutalement tirés de l'état de demi-sommeil dans lequel nous avancions. La " soupe " commençait à faire son effet sur nos intestins. »

Cette armée de vaincus a dû, ce jour-là, sous un

ciel brûlant d'été et devant plusieurs rangs de spectateurs au bord des larges avenues moscovites, baisser culotte et se débarrasser du contenu de ses entrailles. Au terme du défilé qui dura plusieurs heures, des trains attendaient les vaincus, à la gare de Kursk, pour les emmener dans les camps de Sibérie. Les journaux moscovites racontèrent plus tard à leurs lecteurs que les services de la voirie avaient mis une journée entière à rendre la splendeur aux avenues de la métropole du bolchevisme.

Je laisse la parole une dernière fois au lieutenant Scheiter du défunt 18e régiment d'infanterie. « Ce jour-là, nous n'avions pas vraiment compris le degré d'humiliation auquel nous avions été soumis. Nous étions tous totalement épuisés et insensibles à tout ce qui nous entourait. Devenus depuis longtemps des robots, nous assumions notre sort de captifs qui faisait partie de notre foutue vie de guerriers. Ce n'est que beaucoup plus tard, dans les camps, que la tristesse s'éveilla en nous. » Un de ces camps, peut-être le plus dur, fut Workuta, situé sur le fleuve sibérien du même nom sur le 68e parallèle. Le tsar Nicolas Ier avait en 1850 interdit d'y employer des prisonniers, contre l'avis de ses conseillers, car on ne pouvait pas imposer à des êtres humains des conditions de vie aussi dures, fussent-ils des criminels. Les tsars rouges n'étaient pas aussi sensibles...

7

La terre brûlée

La tristesse s'éveillait dans leurs âmes. Entre-temps, à l'automne de l'année 1944, des centaines de milliers de soldats allemands avaient successivement rempli les camps soviétiques depuis Stalingrad. Et cette tristesse était tombée comme du givre sur les rêves de victoire et de grandeur.

Tristesse d'avoir vu s'effondrer les espoirs d'en finir avec le bolchevisme, de vaincre cette immense machine de guerre et de terreur que l'on avait combattue depuis trois ans. Tristesse de se voir livré, et pour combien de temps, à la volonté d'un vainqueur vengeur. Incertitude sur la durée de la captivité. Incertitude encore à propos de la punition qui allait s'abattre sur les responsables, tous les officiers supérieurs à partir du grade de commandant, coupables et non-coupables, combattants du front et gradés de l'arrière, condamnés souvent en bloc et selon une formule préétablie à vingt-cinq ans de travaux forcés. Peur de la punition ? Oui, car les consciences n'étaient pas toutes tranquilles.

Non, elles ne l'étaient pas. A partir de l'été 1943, après la catastrophe de Stalingrad, les troupes allemandes avaient pratiqué, lors de leur retraite qui faisait parfois cent kilomètres par jour, la tactique de la « terre brûlée ». Auparavant, et tout le long de la campagne, elles avaient procédé à de vastes opérations contre les éléments ennemis qui, appelés « partisans », menaçaient les arrières. Dans les deux cas, les destructions avaient pris une ampleur effrayante, connue seulement des « spécialistes » du haut commandement qui les avaient ordonnées. Les tueries qui accompagnaient ces « opérations de nettoyage » avaient également suivi une escalade vertigineuse.

Les témoignages ne manquent pas. Inutile de les nier. Dans la cinquante et unième année après la fin du IIIe Reich, les cœurs et les bouches de ceux qui savaient se sont ouverts. L'Allemagne est sous le choc. La Russie avait servi de champ d'expérimentation à la folie meurtrière du nazisme. Sous la double incitation de la rage raciale et de la haine du « bolchevisme juif » des milliers d'Allemands, et pas seulement ceux qui étaient sous l'uniforme de la garde prétorienne de Hitler, se sont laissés aller à leur instinct d'extermination, contre les Juifs d'abord, contre les Russes et les peuples qui leur sont associés, surnommés « race inférieure », ensuite.

Beaucoup s'y sont livrés la conscience tranquille. Il ne s'agissait « que » de Russes, d'un peuple de valeur inférieure dont le déplacement était nécessaire pour faire place à la race germanique supérieure. Pour donner du *Lebensraum*, de l'espace vital aux Germains. C'était clairement exposé dans le programme du Führer. Il était distribué en cadeau de mariage à chaque couple allemand sous la forme du livre *Mein Kampf* dont l'auteur était Hitler lui-même.

N'était-ce pas cela qu'on avait appris, en outre, des supérieurs, quotidiennement, dès le début des hostilités ?

La lutte contre les partisans fournit un bon prétexte. Elle était objectivement nécessaire. Aucune armée ne peut tolérer des éléments hostiles dans son dos, dans un pays occupé. Dans le cas de la Russie, en 1941-42, ces éléments prenaient souvent la forme de divisions entières, laissées pour compte dans les grandes batailles d'encerclement de l'été. Ces divisions furent commandées par des spécialistes de la guerre subversive, amenés par avion de l'intérieur de l'Union soviétique. Ces « troupes de l'intérieur » faisaient des ravages sur les lignes de communication de la Wehrmacht, détruisant des centaines de kilomètres de rails, faisant dérailler les trains de ravitaillement, tuant les troupes de couverture et les blessés dans les trains d'évacuation et terrorisant la population civile afin de la dissuader de toute tentative de collaboration avec l'occupant.

Les premières manifestations de cette lutte sur un « deuxième front » se firent sentir dès l'hiver 1941-42. Dans un premier temps, la troupe du front avait dû se charger elle-même de combattre les partisans, ce qui posait de graves problèmes aux chefs, déjà engagés dans un combat mortel contre le gros de l'Armée rouge. Ce n'est qu'au printemps 1942, après la grande bataille défensive de l'hiver, que des troupes spéciales furent chargées de la lutte antipartisane : souvent des unités SS ou de la police SS, du SD (service de sécurité du Reich), mais aussi des unités de la Wehrmacht, constituées de réservistes, de convalescents, d'Allemands ethniques originaires de l'Europe de l'Est qui parlaient la langue du pays. Plus tard, on utiliserait des soldats soviétiques auxiliaires qui avaient rejoint les rangs de la Wehrmacht pour combattre le bolchevisme et libérer leurs patries. Il y avait aussi des Français de la Légion des volontaires (LVF) et des Alsaciens, les « malgré nous », dans ces unités, dont beaucoup ont témoigné, après la guerre, de l'horreur qu'ils avaient dû vivre dans ce théâtre très spécial.

Car c'était un théâtre très spécial, une guerre inconnue. Elle se déroulait loin des regards, dans cette infinité de la Russie où il n'y avait pas de témoins, où l'on pouvait agir, chef ou simple soldat, impunément, où les lois de la guerre n'avaient plus cours.

Aucune guerre d'occupant contre une population civile qui se soulève ne peut être propre. D'autres armées en ont fait, au cours de l'Histoire, l'amère expérience. Pas besoin de citer de noms. De la campagne napoléonienne espagnole à celle des Américains au Viêt-nam, une longue traînée de sang s'étire à travers les siècles. Le dernier exemple, celui de soldats israéliens abattant des prisonniers de guerre égyptiens, est particulièrement tragique. Aucun règlement concernant le traitement de francs-tireurs entre États civilisés n'a pu être correctement appliqué. Le propre de ce genre d'action de police est qu'elle débouche rapidement sur l'abominable. Et l'occupant en est, dans tous les cas de figure, le seul coupable.

L'armée du IIIe Reich différait-elle des autres armées dans son combat antipartisans en Russie ? Je prétends que oui. Elle avait été éduquée tout récemment et contre toutes les traditions dans cette perspective. Les ordres de ses généraux avant et pendant le conflit ne laissent aucun doute là-dessus.

Je citerai comme preuve un ordre du maréchal Keitel, chef suprême du Haut Commandement de la Wehrmacht, datant du 16 décembre 1942, dont la formulation ne peut pas être plus explicite.

« Affaire secrète de commandement. Référence : Combat contre les bandes.

« Il a été rapporté au Führer qu'un certain nombre de membres des forces armées utilisés dans le combat contre les bandes ont dû se justifier devant des tribunaux, après le combat, pour leur conduite.

« Là-dessus, le Führer ordonne :

« 1. L'ennemi utilise dans sa guerre des bandes de combattants fanatisés et entraînés dans l'idéologie communiste. Ils ne reculent devant aucune violence. Plus que jamais, il y va de l'être ou du pas-être. Ce combat n'a plus rien à voir avec la conduite chevaleresque du soldat ou avec les conventions de Genève.

« Si cette lutte contre les bandes de l'Est et dans les Balkans n'est pas menée avec les moyens les plus brutaux dans le proche avenir, les forces disponibles seront insuffisantes pour liquider cette peste.

« Pour cette raison, les troupes ont le droit et le devoir d'employer dans cette lutte tous les moyens sans restriction, y compris contre femmes et enfants, si cela contribue au succès.

« Une marque de douceur quelconque est un crime envers le peuple allemand et le soldat au front, qui doit subir les conséquences des coups portés par les bandits et qui ne comprend pas comment on peut faire grâce aux bandits et à leurs complices.

« C'est en partant de ces principes qu'il faut appliquer l'" instruction sur la lutte contre les bandes de l'Est ".

« 2. Aucun Allemand participant aux opérations contre les bandes ne peut être poursuivi à titre disciplinaire ou judiciaire pour sa conduite dans le combat contre les bandits et leurs complices.

« Les chefs des unités qui luttent contre les bandes sont chargés :

« • De porter cet ordre à la connaissance de tous les officiers de leurs unités sous une forme assurant sa juste compréhension ;

« • D'en informer immédiatement leurs officiers de justice et de ne pas confirmer les verdicts qui sont en contradiction avec cet ordre. »

Les troupes allemandes se comportaient donc plus cruellement en Russie que sur d'autres scènes de la guerre. Des estimations difficilement réfutables parlent de vingt-trois mille cinq cents bourgs et villages détruits au cours des quatre ans de lutte antipartisans. On ne se limitait pas à la destruction des habitations, on assassinait tous les hommes trouvés dans les maisons, souvent aussi les femmes et les enfants. Sous prétexte qu'il fallait « nettoyer » tout un secteur délimité auparavant sur la carte, et qu'il était impossible, ne serait-ce que par manque de temps, de distinguer un partisan d'un civil, on faisait souvent table rase.

Il faut dire que l'autre côté n'était pas en reste. Les soldats allemands qui tombaient dans les mains d'un chef partisan n'avaient aucune chance de sauver leur peau. Ils furent souvent sauvagement massacrés. C'était surtout le sort de nos blessés dont le transport fut stoppé, combien de fois, en route par un pont ou un rail qu'on avait fait sauter et qui se voyaient livrés à une soldatesque qui ne connaissait pas le pardon.

Lorsque les Allemands réoccupèrent, au printemps 1942, la ville de Feodosia sur la presqu'île de Kertsch, ils trouvèrent au pied d'un immeuble qui leur avait servi d'hôpital pendant l'occupation de la ville une centaine des leurs, morts, pris dans les glaces de mars. Les Soviétiques les avaient tout simplement passés par les fenêtres après les avoir tirés de leurs lits d'hôpital, tous gravement blessés et intransportables lors de l'abandon de la ville. Ici, comme ailleurs, ils avaient tué tout le personnel médical qui avait voulu rester auprès des blessés. Le même genre de drame s'est répété vers la fin de la guerre en de multiples endroits, spécialement à Königsberg, la capitale de la Prusse orientale qui fut prise par les troupes du maréchal Rokossowski début mars 1945.

Les exactions de l'adversaire furent vite connues

par la troupe. Les états-majors d'abord, la propagande berlinoise ensuite, faisaient tout pour répandre la nouvelle parmi la population allemande. Est-il étonnant que la réaction fût farouche ? Que la spirale de la cruauté mutuelle prenne un cours effroyable ? La diabolisation de l'agresseur avait commencé dès les premiers jours de l'attaque. Pour les Russes, le soldat allemand était devenu la bête hitlérienne qu'il fallait abattre impitoyablement, il était le digne successeur, pire même, du chevalier Teutonique du Moyen Age, venu « missionner » la terre slave et païenne. Il fallait lui refuser la terre sainte de la Russie, derrière Staline, derrière le parti, derrière l'Église orthodoxe officiellement bannie mais toujours vivante dans le cœur du moujik.

Dès l'hiver 1941, Staline avait déclaré la « grande guerre patriotique » contre l'envahisseur et le peuple s'était rangé derrière lui. La brève période de séduction que les troupes « fraîches et joyeuses », auxquelles j'appartenais, avaient pu exercer sur la population de l'Ukraine pendant les premières semaines de la campagne était bel et bien terminée. Terminée à cause du comportement de l'occupant, à cause des fautes psychologiques et administratives que les fonctionnaires du parti nazi avaient commises dans les territoires annexés de l'*Ostraum*, du grand espace de l'est livré à la germanisation. Tous ces fonctionnaires avaient été endoctrinés par leur chef Alfred Rosenberg, « ministre du Reich pour les territoires occupés à l'est », philosophe du national-socialisme et spécialiste du slavisme, rempli de dédain pour tout ce qui touchait au monde slave. Leur tâche fut de tirer le maximum de profit de l'économie, soumise par le Reich, sans aucun égard pour la population asservie. Ainsi firent-ils tout pour s'aliéner les sympathies qui auraient pu, çà et là, subsister à l'égard d'un envahisseur qui, après les persécutions staliniennes des années trente, avait pu apparaître un instant comme un libérateur.

Qu'ils aient été soldats dans les rangs de l'Armée rouge ou partisans coupés de leurs armées loin derrière les lignes ennemies, tous étaient réunis dans une lutte sans merci pour la libération de la patrie.

Le soldat allemand des années 1943-1944 n'était pas dupe. Il savait ce qui l'attendait une fois le sort des armes tourné. Poursuivi par une armée impitoyable, harcelé au-devant par une « armée de l'ombre », il ne lui restait plus qu'à se battre avec l'énergie du désespoir. Et à se venger. Il entre beaucoup de psychologie dans toute guerre. Le vainqueur battu est un animal blessé qui devient méchant. La tactique de la terre brûlée n'est pas une invention allemande, elle trouve sa justification opérationnelle dans les contraintes d'une retraite ordonnée. Il s'agit de ralentir le mouvement de poursuite ennemi, de gagner du temps pour constituer une nouvelle ligne de défense. Mais il y entre aussi un élément de vengeance, de vandalisme. Les chefs perdent souvent le contrôle de la situation, les limites de ce qui est tactiquement admissible. Tel un enfant qui préfère casser son jouet plutôt que de le partager avec un autre, le combattant en retraite ne veut pas laisser sa conquête indemne à celui qui s'est montré supérieur à lui. Après nous le déluge...

Les Allemands avaient dû caresser de beaux rêves quant à l'utilisation ultérieure des terres conquises. Je me souviens d'articles parus dans la presse de l'époque qui faisaient la description de ce que devait devenir, après la victoire, l'espace à l'est. Le génie allemand allait transformer cette terre slave, généreuse et fertile en un paradis terrestre, en un modèle d'exploitation et d'organisation. Des autoroutes allaient la parcourir en tout sens, liant les villes et les grands centres industriels entre eux. Une ligne de chemin de fer de gabarit russe, c'est-à-dire ultralarge, de Berlin à Rostow, sur laquelle les trains de marchandises transporteraient le charbon et le minerai de fer du Donetz aux grandes forges de la Ruhr, de la Saxe et de la Silésie. Des fermes à la taille des exploitations du Middle West américain assureraient des récoltes record. Elles devraient d'ailleurs être prioritairement attribuées aux soldats de la campagne russe ayant été décorés de la RitterKreuz, la croix de chevalier de la croix de fer. La terre serait germaine et elle porterait une nouvelle classe de soldats-paysans destinés à garder les nouvelles frontières du Reich à tout jamais, à les défendre, à l'image du conquérant teutonique de la Poméranie et de la Prusse orientale, contre tout assaut des Mongols et des Tatares.

L'Allemagne hitlérienne, nous expliqua-t-on, n'avait pas besoin de colonies au-delà des mers à l'image des Anglo-Saxons ou des Français. Pour elle, l'espace vital était à l'est, dans les grandes plaines entre la Vistule et le Don, faciles à atteindre et à entretenir. Elle serait ainsi, après les États-Unis d'Amérique, la deuxième superpuissance continentale du globe, avec une Russie ramenée à la portion congrue. Hitler lui-même avait décrit cette vision du futur dans son unique ouvrage, *Mein Kampf*, ce fameux et fumeux livre-programme que soi-disant personne n'avait lu.

Aucun doute. Beaucoup ont dû se laisser aller au rêve, du maréchal qui se voyait déjà *Rittergutsbesitzer* (propriétaire d'un domaine de chevalerie) en Ukraine au simple soldat qui espérait la juste récompense pour les sacrifices accordés. Napoléon, lui, n'avait pas poursuivi de tels buts matériels. Il voulait casser la coalition ennemie qui s'était forgée contre lui, en attaquant ce qu'il en croyait la partie la plus faible. Hitler a dû penser un moment que, en attaquant l'Union soviétique, il pourrait forcer l'Angleterre à composer. Mais c'était un but secondaire, son principal objet était la conquête des terres dont son peuple, un peuple de cent millions de Germains, aurait besoin demain.

Finis les rêves. La réalité, après l'effondrement des groupes d'armée Centre en juin 44, était maintenant de regarder la défaite en face, une défaite d'autant plus certaine qu'il fallait simultanément faire face aux Anglo-Américains sur le front occidental. Une défaite cuisante, atténuée pourtant par des destructions massives infligées au vainqueur.

C'est ainsi qu'une trace de sang et de destruction traînait sur tous les secteurs du front de l'est, derrière les troupes allemandes en retraite. Des centaines de kilomètres de rails, de ponts, de fermes kolkhozes, de dépôts, de villages entiers détruits et brûlés, de récoltes anéanties, de champs incendiés. La Wehrmacht n'a pratiqué ce même genre de procédé qu'en Italie, et à une moindre échelle. Là aussi, la haine de « l'Italien » était le principal motif, car il avait « trahi » en changeant de camp au milieu du gué. Les ordres donnés par le maréchal Kesselring, commandant suprême sur le « front sud », ne permettent pas d'autre interprétation de la fureur teutonique qui s'était emparée des Allemands après la capitulation de Badoglio, en juillet 1943.

Peut-on s'étonner que les soldats de l'armée qui avait bouté l'envahisseur « dehors » ne fussent pas remplis de sentiments généreux envers ceux qui avaient détruit leur pays ? Avancer, pendant des jours et des jours, et des semaines, à travers un paysage éteint et fumant, trouver à chaque détour du chemin des villages vidés de leurs habitants, des survivants hagards parfois. Ce spectacle a dû les rendre fous de rage, les soldats soviétiques. Des écrivains comme Ilia Ehrenburg ou Vassili Grossman, on le sait aujourd'hui, avaient eu connaissance de l'extermination des Juifs par les envahisseurs dès 1943. Sous le choc de ce que des témoins du génocide avaient révélé, et qui dépassait en horreur tout ce qu'on avait cru savoir auparavant, Ehrenburg avait laissé libre cours à sa haine, et on le comprend. Mais avait-il besoin d'inciter le combattant de l'Armée rouge à la revanche une fois les frontières du Reich franchies ? Des choses épouvantables se sont passées en Prusse orientale en octobre 1944. Lors d'une brève et rapide percée effectuée par un groupe de combat soviétique, la population d'un village allemand avait été sauvagement assassinée. Dans de multiples récits allemands et étrangers, on cite un célèbre texte d'Ehrenburg dans lequel il demande aux combattants de faire payer aux femmes allemandes ce que le peuple germanique leur a fait. Je doute que beaucoup de moujiks aient lu ce poème. Mais ils avaient tous derrière eux une longue marche, du Dniepr à l'Oder, dont chaque étape était un drame. On ne peut admettre la réaction qui était la leur vis-à-vis de la population civile allemande, complètement innocente, et surtout vis-à-vis des femmes. Les récits sur l'entrée de l'Armée rouge en Allemagne, qui remplissent les bibliothèques des réfugiés de la Prusse orientale, de la Poméranie et de la Silésie, sont plus terribles les uns que les autres. Le cauchemar dura des semaines, et au-delà de la capitulation de la Wehrmacht. A Berlin, les derniers défenseurs des ruines du centre de la capitale entendaient, à travers le crépitement des obus et des bombes, les cris des Berlinoises venant de l'autre côté de la rue, violées par des unités entières de l'armée victorieuse.

On ne peut admettre une cruauté aussi primitive. Mais peut-on la comprendre, dans le contexte des derniers soubresauts du plus grand conflit du siècle ?

Le soldat allemand, lui, savait que la rage du vainqueur ne pouvait être que terrible. Mais ne peut-il pas admettre aujourd'hui dans son for intérieur que lui, personnellement, en était également coupable ?

8

Vaincus, mais innocents, croyions-nous

Une chose était sûre : en 1945, nul ne pouvait dire que l'armée allemande n'avait pas été battue en rase campagne, comme on l'avait prétendu en 1918, en invoquant le fait que l'armistice avait été signé avant que les Alliés ne pénètrent sur le territoire allemand. Personne ne l'avait frappée d'un coup de poignard dans le dos. Elle avait été battue, vaincue, enterrée à sept mètres de profondeur, comme disait un Kruschtschew sûr de lui en 1960 à Paris. Éliminée de la surface du globe, pour toujours. Pour toujours ?

Les soldats allemands s'étaient battus jusqu'au bout, faisant l'admiration mitigée de leurs adversaires et des historiens. Peut-être que la résistance des troupes du Reich n'a pas été sans failles à l'ouest, face aux « gentils » adversaires dont on n'avait pas à craindre le pire. Mais face aux Soviétiques, à l'est, la résistance était partout déterminée, d'une froide résolution. Les Hitlerjungen de quinze ou seize ans restaient, dans les rues de Berlin, fidèles au drapeau jusqu'à l'épuisement total de leurs munitions. Ils tombèrent bravement, sans murmure, à côté de leurs aînés. Les pertes furent, pour la dernière fois, effroyables. Lothar Loewe, plus tard l'un des dirigeants de la télévision allemande, a raconté à l'occasion du cinquantenaire de la fin de la guerre comment la section de cent Hitlerjungen à laquelle il avait appartenu à Berlin en avril 45, avait perdu quatre-vingt-cinq de ses combattants en quelques heures, sur un parcours d'à peine dix kilomètres entre leur point de départ proche de l'aéroport de Tempelhof et le point de capitulation à Falkensee, au nord-ouest de la ville.

Berlin était devenue, avant de rendre ses ruines et son âme, *the highway of death*, surnom donné par les Américains en 1990 à un tronçon d'autoroute en Irak où leurs bombardiers B 52 ont massacré l'armée irakienne.

Le dernier coup de feu tiré à Berlin — d'aucuns veulent le situer à l'angle de la Wilhelmstrasse et de la Leipzigerstrasse, tout près du bunker d'Adolf Hitler —, un grand silence s'abattit sur l'Allemagne. Il fallut un certain temps pour que le bruit des armes, des bombes, des obus et des incendies qui avaient rempli les airs depuis 2 070 jours s'éteigne aussi dans les cœurs et dans les têtes des gens. Aussitôt s'éleva un autre bruit. Le bruit des révélations. Des récits de ce qui s'était passé pendant les « douze glorieuses », les douze ans d'un Reich qui devait en durer mille. Tel un barrage qui cède sous la pression des eaux, un torrent d'écritures, d'images, de témoignages sur les années d'horreur, se déversait sur un peuple en agonie. Pour ceux « qui n'y étaient pas », qui avaient passé le plus clair de leur temps loin de leur foyer, quelque part au front ou en occupation dans un pays étranger, il n'y avait que deux réactions : « Nous ne l'avons pas voulu » et « Je n'en ai rien su ».

On ne peut pas douter de la véracité de cette première réaction. Personne, évidemment, n'avait voulu « cela ». Trop d'entre eux cependant ont salué le national-socialisme.

Mais je prétends que le peuple allemand de 1933 n'était pas particulièrement belliqueux vis-à-vis de ses voisins. Les Allemands qui étaient sortis indemnes des boucheries de la Grande Guerre avaient trente et quarante ans lorsque Hitler prit le pouvoir, et ils n'avaient pas envie d'en découdre à nouveau, fût-ce pour récupérer les territoires perdus en 1918. Ce qu'ils voulaient, c'était la dignité nationale, une souveraineté sans contraintes, l'égalité des droits avec les autres puissances européennes, assurées par une force armée égale à celle des autres. Tout cela était-il possible sans susciter la méfiance, voire une réaction sévère des vainqueurs en 1918 ? Cela est une autre question. En tout cas peu d'Allemands, à coup sûr, auraient acquiescé à ces buts si on leur avait dit que cela n'était possible qu'au prix d'une nouvelle guerre. Hitler ne leur avait jamais dit. Non, les Allemands dans leur immense majorité ne l'avaient pas voulu.

Quant à la deuxième réaction, il faut l'examiner avec soin et un certain sens de l'équité. Les protestations de mes camarades, de mes frères, de mes amis, de moi-même enfin, quant à leur innnocence personnelle vis-à-vis des crimes du national-socialisme, sont, dans leur très grande majorité, sincères. Elles sont aussi sincères chez ceux qui n'ont pas été sur le front de l'est — seul front sur lequel des crimes ont eu lieu aussi massivement — et qui ont vaqué à leurs occupations en Allemagne, dans telle usine, telle officine ou telle caserne, qui rentraient le soir, « crevés », à la maison, pour être réveillés après quelques heures de sommeil par les sirènes de l'alarme aérienne. Ils avaient peu de temps pour regarder ce qui se passait autour d'eux. Que ce soit au front, à l'intérieur ou à l'extérieur des frontières, l'Allemand ordinaire ne pouvait pas savoir ce qui avait été pensé, organisé et perpétré par les scribes du régime, toujours à l'abri des yeux curieux et souvent loin des frontières du Reich, dans les camps de la mort, dans les lieux d'extermination.

La Russie est grande et vaste. Au-delà de la Vistule, des Beskides et des Carpates, l'Europe se dilue dans une immense plaine qui se perd dans le ciel. Le voyageur s'y perd aussi, livré à ses méditations. Son champ visuel, à gauche et à droite de la route, est désespérément vide. Planifier et exécuter un génocide était donc facile pour un régime qui ne voulait pas avoir de témoins. Le soldat qui se rendait au front ou qui en revenait, une balle dans la peau, n'avait probablement jamais vu un peloton d'exécution, un enclos entouré de barbelés, des SS en train de ramasser des gens dans la rue, vociférant dans le crépuscule. A quelques exceptions près pourtant...

Je cite comme témoin, une fois de plus, Ernst-Martin Rhein, auteur du fascicule de mémoire de son ancien régiment, le 18e d'infanterie. Le commandant se trouvait fin décembre 1944 dans un petit village situé à quarante kilomètres au sud-ouest de Cracovie, en Pologne, chargé en tant qu'officier d'état-major de l'intendance de la 320e *Volksgrenadierdivision* (division de grenadiers du peuple).

Au jeune planton qui lui sert un café le matin, il demande, intrigué par son accent de *Volksdeutsch* (allemand ethnique originaire d'un pays de l'Est), où il habite. Le bonhomme de répondre « à Auschwitz ».

— Auschwitz, dit le commandant, j'ai entendu dire qu'il s'y trouve un camp de concentration. Qui sont les gens qui y sont enfermés, et qu'est-ce qu'ils y font ?

Et Rhein raconte :

« Le jeune homme se mit au garde à vous. " S'il vous plaît, mon commandant, moi pas droit d'en parler. " Pris de curiosité, j'insistais pour en savoir davantage. Mais le jeune homme persistait dans son refus de parler. " Je veux savoir ce qui se passe au camp de concentration d'Auschwitz. Je vous donne ma parole d'honneur que je ne vous dénoncerai pas à qui que ce soit ! " Finalement, le soldat se mit à parler, avec hésitation, ponctuant son récit de longs silences. »

Son beau-frère avait été enrôlé par la Waffen-SS et affecté aux unités de garde du camp d'Auschwitz. (Il faut savoir que la Waffen-SS avait recruté les Volksdeutsch de force, sans leur demander leur avis.) Il avait alors servi à la rampe de la gare, là où l'on débarquait les Juifs venus de tous les pays d'Europe. « Mon planton raconta tout ce que son beau-frère lui avait dit des horreurs qui attendaient ces malheureux. Ne pouvant plus supporter la corvée qu'on lui infligeait, il avait demandé son envoi au front. Mais la demande avait été refusée et son supérieur menacé du conseil de guerre s'il n'obéissait pas au serment qu'un SS fait au Führer. Ce n'est que sa deuxième demande qui fut acceptée parce que ses supérieurs avaient compris qu'il était en train de s'effondrer psychologiquement, sous le poids de sa charge. Mais, auparavant, il avait dû s'engager par écrit à ne jamais parler à personne de ce qu'il avait vu, même pas à sa femme, sous peine de mort. C'est au cours d'une permission qu'il lui avait parlé à lui, son beau-frère, car il n'avait pas pu taire ce qu'il avait vécu. »

Et E.-M. Rhein de continuer : « J'étais comme paralysé. Un monde s'effondrait en moi. Si tout ce que cet homme m'avait raconté était vrai, pouvait-on encore servir sa patrie avec la conscience tranquille ? Je ne trouvais plus le sommeil. Pendant des nuits entières, j'avais devant les yeux le tragique destin de ces hommes et de ces femmes prisonniers, des familles séparées, de leur fin horrible. »

Rhein fut fait prisonnier par les Russes et ne retourna que cinq ans plus tard dans sa Rhénanie natale. Un jour, dans un camp de prisonniers à Rustavi près de Tiflis (Tbilissi) en Géorgie, le capitaine Zeitlin, officier politique du camp, convoqua les deux mille internés pour leur parler des crimes des fascistes, insistant sur le fait que ces derniers avaient assassiné des millions de Russes et de Polonais dans des chambres à gaz. Tollé chez les prisonniers. « Les camarades autour de moi se moquèrent du conférencier et dirent : “ Deux ans après la fin de la guerre, cet idiot veut nous faire croire ce genre de sornettes. Il n'en croit pas un mot lui même ! ” Je me tus. De retour dans notre baraque d'officiers, je réunis quelques amis autour de moi. “ Ce que Zeitlin a dit est probablement la vérité. ” Un *Obersturmbannführer* [lieutenant-colonel de la Waffen-SS] m'avait entendu et s'apprêtait à foncer sur moi. Un ami s'interposa. “ Laissez-le, vous connaissez Rhein, il ne dit jamais les choses à la légère. ” [...] Dans les multiples entretiens que j'ai eus après la guerre avec les camarades qui avaient partagé mon sort dans les camps soviétiques, ceux-ci m'ont confirmé qu'ils avaient entendu parler, lors de leur captivité, de l'extermination de millions d'hommes dans les camps de concentration, mais qu'aucun n'avait voulu y croire. Cela se situait tout simplement au-delà des limites de leur imagination. »

La rencontre du commandant Rhein, valeureux combattant du front et porteur de la croix de chevalier, avec ce planton germano-polonais anonyme qui lui ouvrit les yeux, dans ce village près de Cracovie, n'avait eu lieu que par le plus pur des hasards. Pur hasard encore ce qui est arrivé au jeune capitaine baron Axel von dem Bussche, commandant d'une unité de réserve de la Wehrmacht, en automne 1942, à Stubno, une petite ville d'Ukraine.

Un jour, le commissaire nazi du canton vient voir les officiers de l'unité et leur demande de l'aider dans une « action ». Interrogé par les officiers sur le caractère de celle-ci, le nazi répond qu'il s'agit d'une « mesure de purification ethnique contre les Juifs du canton, ordonnée par le Führer ». Les officiers de la Wehrmacht refusent de détacher leurs hommes, et l'homme du parti n'insiste pas. Mais le jeune capitaine von dem Bussche est curieux. Il prend son cheval et se rend sur les lieux de l'« action » indiqués la veille par le fonctionnaire nazi. C'est dans un petit bois, au milieu duquel on a creusé une fosse profonde, qu'Axel von dem Bussche devient témoin de l'assassinat des trois mille Juifs de Stubno, fusillés à bout portant par des soldats SS au bord de la fosse.

Dans une conférence devant les condisciples de son université de Göttingen en 1947, l'officier, décoré de la croix de chevalier et six fois blessé, raconte la suite. « Le lendemain je me suis rendu au ghetto de la petite ville. On y donnait la chasse aux survivants. Une femme s'est jetée à mes pieds ce jour-là et m'a demandé de la sauver. Il m'était impossible d'accéder à sa demande. »

Axel von dem Bussche, sous le choc de ce qu'il avait vu, s'était juré de tuer Hitler. Il voulait se faire sauter avec le dictateur à l'occasion de la présentation des nouveaux uniformes d'hiver pour les combattants du front de l'est, en automne 1943. La nuit précédant la manifestation, un bombardement anglais avait détruit le wagon qui transportait l'équipement. Bussche retourna au front où sa sixième blessure lui arracha la jambe droite. On lui apporta la croix de chevalier sur son lit d'hôpital

« Je l'acceptais volontiers. Elle était la preuve, devant moi-même, que j'avais su distinguer entre la haute trahison et la trahison de mon pays », dit-il en conclusion de sa conférence devant les étudiants de Göttingen.

Voici un bel exemple du dramatique cas de conscience qui se posait à ceux qui ouvraient les yeux ; défendre la patrie en prolongeant le délai de grâce d'un régime qui s'était révélé criminel ? La question se posait aussi à Christoph von Gersdorff, jeune lieutenant-colonel à l'état-major du maréchal von Kluge qui commandait le groupe d'armée Centre, sur le front de l'est, en 1942-43. Gersdorff a dû effectuer de multiples vols de liaison entre le PC du groupe d'armées et le quartier général du Führer en Prusse orientale. Au retour de l'un de ses vols, son avion, pour amortir un atterrissage sur un terrain de fortune, survole à très basse altitude une scène qui coupe le souffle du jeune officier. Une fosse longue de cinquante mètres au bord de laquelle sont agenouillés des gens qu'on tire par-derrière et qui tombent, l'un après l'autre, dans le vide.

« A la lueur du crépuscule je distinguais le feu de départ des coups des fusils et des pistolets de ceux qui tiraient. Je ne voulais pas en croire mes yeux », écrit-il dans ses Mémoires.

Gersdorff en avait parlé à ses camarades. Quelques-uns savaient déjà, par témoin occulaire ou par recoupement, ce qui se passait à l'arrière du front. Une fronde s'était formée parmi les jeunes officiers de l'état-major. Leur conviction était celle du jeune capitaine von dem Bussche : il fallait frapper le mal à la source. Il fallait tuer Hitler. Gersdorff et plusieurs de ses camarades étaient prêts à commettre l'attentat. Ils voulaient abattre Hitler au pistolet lors d'une visite au PC de Kluge. Le maréchal, mis au courant de l'intention de ses subordonnés, leur interdit toute action.

Quelques-uns passèrent outre et placèrent une bombe dans l'avion qui devait ramener le Führer en Prusse orientale, sous la forme d'un cadeau pour l'un des officiers de son grand quartier général. La bombe n'explosa pas. Celle du colonel Stauffenberg, par contre, explosa un an plus tard, au quartier général de Hitler. Mais le Führer s'en tira avec quelques brûlures et un pantalon en lambeaux. Pourquoi une bombe et non pas un pistolet ? Suite à une grave blessure reçue en Afrique, Stauffenberg n'avait plus que deux doigts à la main gauche et ne pouvait pas tenir une arme à poing. Parmi les rares officiers de la conjuration qui avaient accès au saint des saints, il ne s'en était trouvé aucun pour vouloir tirer sur le dictateur.

Il y avait donc ceux qui savaient et ceux qui ne savaient pas. Et il y avait ceux qui avaient vu ce qui se passait, mais qui n'avaient pas réagi, qui avaient intériorisé l'inadmissible, la révolte que ce spectacle offrait à leurs yeux. Ceux chez qui n'intervint pas le sursaut, le déclic qui fait que la conscience se trouble.

Chez Roland von Hösslin, un autre jeune officier de la conjuration, camarade de régiment de Stauffenberg, pendu à Berlin après l'attentat manqué du 20 juillet 1944, on peut exactement situer ce moment décisif où la conscience se met en marche pour ne plus s'arrêter. Hösslin, en convalescence après une blessure en Afrique, avait participé, en automne 1943, à un cours d'instruction pour futur commandant de bataillon à Paris. A un camarade qui partageait sa chambre et qui a rapporté ce fait après la guerre, il a posé la question :

— Croyez vous que, sous ce régime, nous ayons encore le droit de gagner la guerre ?

Le droit de gagner la guerre sous ce régime ? Quelle question ! Où, dans quelle armée du monde, a-t-elle jamais été posée ? Peut-on mesurer le conflit moral sous lequel bon nombre d'officiers de la Wehrmacht ont dû continuer le combat en se donnant comme motif la patrie, l'Allemagne, même si cette Allemagne était pervertie par la peste brune ? Hösslin, lui, a eu le même déclic que des milliers de ses camarades probablement. Mais il ne s'est pas contenté de ruminer les conséquences à en tirer. Il a agi, il est allé rejoindre la petite troupe autour de Stauffenberg, il a participé au putsch et est allé se balancer au bout d'un crochet de boucher à la prison Berlin-Plötzensee, laissant dans sa dernière lettre à ses parents ce message de consolation : « Je meurs dans la sérénité et le cœur en paix. On m'a privé de mon honneur extérieur d'officier. Mon honneur intérieur est intact, je n'ai fait que mon devoir. L'Histoire aura le dernier mot. »

Un autre de ses camarades de régiment, le *Rittmeister* (chef d'escadron) Philipp-Franz von Guttenberg, a passé les derniers jours de sa vie dans le même état d'esprit. Le jour de son retour au front en 1943, après un congé de convalescence, il s'est penché par la fenêtre du train vers sa mère qui l'avait accompagné à la gare de Munich, en disant : « Maman, nous devons prier Dieu de ne pas laisser l'Allemagne gagner la guerre. » Huit jours plus tard, il fut tué sur le front de Leningrad. Dans quelle armée en guerre a-t-on fait de telles prières ?

L'immense majorité des combattants de la Russie n'a pas laissé résonner la voix de la conscience dans son cœur. J'en fus. Trois fois au cours de mon séjour forcé dans les pays de l'Est européen occupés par mon armée, j'ai vu ou entendu des choses qui auraient dû éveiller en moi des interrogations sur le fondement moral de notre guerre. J'ai déjà décrit la première de ces occasions, le récit de l'un de mes soldats sur le massacre des Juifs de Tarnopol. J'ai un autre souvenir, plus flou, datant de mon transport en tant que blessé vers l'arrière en été 1942. Dans une petite gare perdue quelque part en Ukraine ou en Pologne orientale, le train, signalé par des croix rouges, avait fait une de ses multiples haltes, et les blessés qui pouvaient encore marcher en profitaient pour se dégourdir les jambes. Sur une voie parallèle à la nôtre, un autre train roulant en sens inverse s'était arrêté. C'était un train de bétail, bourré de bétail « humain ». Des SS accompagnés de chiens faisaient la ronde autour des wagons, dont le contenu n'était visible qu'à travers d'étroites lucarnes sous le toit. On y apercevait des visages barbus, affreusement amaigris, se pressant contre les fenêtres pour happer un peu d'air, jeter un regard au-dehors. C'étaient des prisonniers, en route vers un destin inconnu, venant d'où ?

Nous les regardions avec un mélange de curiosité et d'indifférence.

— Ce sont des youpins, disaient quelques-uns d'entre nous.

On échangeait des cigarettes avec les SS ; d'aucuns se hasardaient à demander la destination de leur train.

— *Arbeitseinsatz im osten*, répondaient-ils d'un ton sec (« travail forcé à l'Est »).

Encore sous le choc de ma blessure et la tête entourée d'un énorme pansement, j'étais resté à l'écart, ne souhaitant pas parler, avec ma « gueule cassée ». Mais que se passait-il dans ma tête de gosse de vingt ans ce jour-là ? Je ne saurais dire. On vivait à l'époque dans un univers irréel, inhumain, de danger, de misère, de bêtes traquées et d'êtres humains arrachés à leurs foyers. Une immense masse de gens était en permanence en route, dans cette Europe en guerre, vers un quelconque destin.

Il était impossible de savoir d'où tous ces gens venaient et où ils allaient. Chacun était ballotté dans un maelström multicolore qui déplaçait ses masses d'est en ouest et du nord au sud. L'idée que la moitié de cette masse était composée de gens qui avaient perdu non seulement leur liberté, mais leur dignité, leur droit à l'existence, leur espoir même, ne nous effleurait pas. L'apparence d'une immense injustice qui se déroulait sous nos yeux non plus. L'Allemagne, prise dans une lutte à mort qui lui demandait tous les jours le sacrifice de ses meilleurs fils, n'avait-elle pas le droit d'utiliser la main-d'œuvre des populations mises sous sa botte pour survivre, pour faire marcher ses usines, accélérer la production d'armes ? Personne n'avait le droit de le contester. Ceux qui s'interrogeaient et qui doutaient de la justesse de cette interprétation avaient intérêt à ne pas s'en ouvrir à leur entourage. Les mouchards étaient partout, et le moindre doute quant à la rectitude de cette politique d'exploitation ou, pire, à l'issue de la guerre, avait des conséquences mortelles.

Mon troisième souvenir est aussi flou que le deuxième mais très présent à mon esprit. Un jour, j'ai pu jeter un regard dans l'enfer. Un regard fugitif et voilé par un état de semi-conscience, à la suite de l'une des multiples opérations que j'ai dû subir après ma blessure. Mon train s'était arrêté à Lublin, dans l'est de la Pologne, où les occupants furent débarqués et emmenés en pleine nuit dans un hôpital militaire. Un des faubourgs de Lublin s'appelle Majdanek, et Majdanek avait été transformé par les SS en camp de concentration. Pire, Majdanek était, comme Auschwitz, une des fabriques de la mort dans lesquelles la SS exterminait systématiquement et industriellement les Juifs.

Mon hôpital ne devait pas se trouver très loin de ce camp car un matin j'entendis distinctement des salves répétées d'armes à feu. J'interrogeais une de nos infirmières sur les raisons de ces tirs.

— La garnison de Lublin a l'habitude de tirer des salves d'honneur sur les tombes de ses camarades, morts dans ces hôpitaux la veille, répondit-elle.

Quelques jours plus tard, je fus transporté dans une autre aile du bâtiment pour y être opéré. Dans l'après-midi, on nous laissait prendre un bain de soleil sur un balcon, et du balcon on pouvait voir un camp de prisonniers, à une centaine de mètres. Je distinguais des gens en tenue rayée, marchant dans une allée, qui étaient poussés par des gardes accompagnés de chiens. Je pouvais voir un petit char de fabrication française qui patrouillait dans le camp. J'entendais des hurlements, bref, j'assistais à une scène qui se situait complètement en dehors de mon univers et se heurtait à ma totale incompréhension. Pourquoi les costumes rayés, pourquoi les chiens, les hurlements, ce char, les fouets et tout ce sinistre ballet que les gens en tenue vert-de-gris et casquette noire mettaient en scène autour de leurs malheureuses victimes ? C'étaient des impressions qui allaient contre mon éducation, contre mon expérience, mes traditions, ma religion, mes convictions. Je sentais la même répulsion en moi que celle que j'avais éprouvée, très jeune garçon, dans les rues de ma ville natale de Wittlich lorsque j'avais assisté à la brutale rossée de deux jeunes gens à brassard rouge, membres des jeunesses communistes, par des énergumènes en chemise brune.

La violence du régime qui nous gouvernait depuis quelques mois m'avait été ainsi brusquement révélée. En regardant le spectacle qui s'offrait à mes yeux, je me disais que c'était sans doute la destination finale du train que nous avions croisé quelques jours auparavant dans une petite station plus à l'est. Je ressentais une vive répulsion, mais aussi une révolte. Doute ? Mon souvenir est flou. J'étais certainement encore sous l'emprise de l'anesthésie, mon esprit était dirigé vers la guérison, le retour au front, les retrouvailles avec les camarades. Il ne fut pas longtemps occupé par ce regard furtif jeté par une lucarne qui donnait sur l'enfer. Peut-être me disais-je que tout cela faisait partie de l'effort de guerre, et que cet effort primait tout. Il fallait d'abord gagner la guerre et après on verrait. Et puis moi, j'étais du bon côté. Je n'avais rien de commun avec ces gens étranges qui portaient la tête de mort sur leurs casquettes noires et qui faisaient crépiter leurs fouets.

Tout compte fait, les milliers d'Allemands retournés comme moi au pays après la guerre avaient rarement une raison de ne pas dormir tranquilles sur leurs deux oreilles. Et Dieu sait qu'on en avait besoin, du sommeil. Ceux qui avaient servi dans la Wehrmacht n'avaient rien à se reprocher. La Wehrmacht était toujours restée en dehors des crimes nazis. Elle ne faisait pas partie des multiples organisations du parti nazi, elle avait gardé, au moment du réarmement en 1935, sa complète indépendance par rapport à la direction politique du pays, elle était restée fidèle à la tradition de la Reichswehr, l'armée de l'armistice de 1918 qui fut toujours tenue dans un état de totale impartialité par rapport aux partis politiques de la république de Weimar. État dans l'État, la Wehrmacht ne le fut certes plus après 1935. Mais elle s'efforçait de tenir une certaine distance vis-à-vis des « bruns », fictive peut-être, mais appréciée par les officiers supérieurs qui détestaient en secret les vulgaires représentants de l'armée parallèle en chemise brune, créée par Hitler pour la conquête du pouvoir.

Cette distance fut maintenue en apparence jusqu'à la fin de la guerre, mais même si les SA s'étaient confondus avec les forces armées au cours du conflit, ils formaient une armée à part. La fiction de la séparation entre la Wehrmacht et les formations du parti fut maintenue. Elle permettait aux officiers et aux hommes de se draper dans la dignité du vaincu innocent, frappé par un sort non mérité. On avait gardé les mains propres au moins. Ce qui s'était passé était honteux, désastreux pour la patrie, pour l'Allemagne. Mais, au moins, on n'y avait pris aucune part. On avait combattu au front, on avait défendu la patrie, rien que la patrie, jusqu'au bout, on était tombé au champ d'honneur. Le sort des armes avait été décidé contre l'Allemagne. Il fallait en porter le deuil. Mais l'honneur était intact. Malheur aux vaincus.

9

Du soldat au « citoyen en uniforme »

Cet état de grâce fictive ne pouvait pas durer longtemps. Les vainqueurs soviétiques étaient les premiers à dénoncer ce que la Wehrmacht avait fait dans leur pays. Mais on ne les écoutait pas. C'était de la propagande soviétique. Lorsqu'on entendait parler des lointains procès de criminels de guerre que les commissaires de Staline organisaient dans les camps de Sibérie, on disait qu'il s'agissait d'une scandaleuse « justice des vainqueurs ». On trouvait inacceptable que des officiers de la Wehrmacht, des généraux et des officiers d'état-major fussent condamnés en bloc et, au cours de procès bâclés, à de lourdes peines de travaux forcés. Pour l'opinion publique renaissante en Allemagne, c'était la vengeance de Staline contre Hitler dont étaient victimes les malheureux prisonniers. Puisque toute aide aux condamnés était impossible, il fallait prendre son mal en patience. Un jour, ils retourneraient au pays. En fait, beaucoup de prisonniers de guerre allemands périrent dans les camps soviétiques. Konrad Adenauer réussit à ramener les derniers survivants, une dizaine de milliers, en 1955, dix ans après la fin de la guerre.

Les vainqueurs occidentaux ne voulaient pas être en reste. Ils s'attaquèrent un peu plus tard, dès 1946, au problème des crimes commis par des officiers de la Wehrmacht. Certes, l'armée allemande en tant que corps constitué de l'État vaincu ne fut pas rangée parmi les organisations criminelles par le tribunal de Nuremberg. Certes, le général Eisenhower, commandant suprême des forces alliées en Europe, déclarait en janvier 1951, en sa qualité de premier commandant suprême de l'OTAN, que, contrairement à l'opinion qu'il s'était formée en 1945, « le soldat allemand n'était ni l'image de Hitler, ni le représentant de sa dictature, et qu'il avait combattu pour son pays avec bravoure et dans l'honneur ». Toutefois, un grand nombre d'officiers d'état-major de la Wehrmacht furent condamnés pour avoir préparé et exécuté une guerre d'agression. Quant à l'hommage rendu par Eisenhower, c'était une déclaration de caractère politique car il fallait gagner le peuple allemand à l'idée d'une participation à la défense Atlantique.

Des tribunaux militaires anglais, américains et français condamneraient aussi des officiers allemands pour leur participation à des exactions commises sur le territoire de l'Union soviétique et de la France. J'ai assisté en tant que reporter d'un quotidien hambourgeois, en 1950, à la condamnation à dix-huit ans de prison, dans un théâtre de la ville transformé en salle d'audience, du maréchal Erich von Manstein, le cerveau de l'attaque surprise sur la

Meuse en 1940. Je vois encore le vieux monsieur, presque aveugle, marquer le coup lorsque le verdict était tombé. Il n'avait pas pu se défendre contre l'accusation qui avait été portée contre lui d'avoir toléré que les *Einsatzgruppen* de la SS (groupes d'action) aient exterminé la population juive dans les territoires contrôlés par la 11e armée qu'il commandait dans le sud de la Russie.

D'autres, comme Rundstedt ou Guderian, avaient également à répondre de leurs actes en tant que commandants d'armées ou de groupes d'armées en Russie. En 1918, aucun militaire allemand n'avait été traîné devant des tribunaux, en dépit des protestations, surtout françaises. Cette fois-ci, il ne fallait pas laisser passer l'occasion de faire un exemple pour le futur.

Mais l'exemple ne prenait pas. L'âme allemande était ailleurs. Elle était à la reconstruction du pays, à une nouvelle vie qui pointait peu à peu son nez, à la construction d'un nouvel État démocratique, tolérant et libéral, à l'acquisition d'une nouvelle respectabilité devant le monde, à la disparition du statut de paria qui était le sien depuis 1945. Elle voulait oublier le passé et être enfin en paix, l'âme allemande.

Oublier le passé allait de pair avec le rejet total de ce qui l'avait le plus marqué : le militaire, le militarisme. Surtout plus jamais cela. On n'avait pas besoin de militaires. La sécurité de la jeune république était assurée par les vainqueurs d'hier, coalisés, pour faire face à une Russie qui restait menaçante. A l'abri des nouveaux alliés on pouvait vaquer tranquillement à ses occupations et sortir des ruines du IIIe Reich.

On ne voulait pas de culte non plus. Dans l'immédiat après-guerre, tout uniforme était haï. Aucun monument aux morts de cette guerre — il y en avait eu cinq millions — ne s'élevait ; nulle part. Pas de réminiscences. Pas de récits glorieux non plus dans les journaux. Tout ce qui évoquait la guerre, dans la poésie ou dans littérature, était systématiquement rejeté. Cependant, le jeune auteur Wolfgang Borchert, ex-sous-officier de la Wehrmacht et libéré de captivité en Russie, remua jusqu'aux larmes le public allemand avec sa pièce *Dehors devant la porte* qui racontait l'histoire d'un soldat allemand pendant la guerre.

Les anciens soldats avaient teint leurs vestes vert-de-gris usées en un marron délavé. Beaucoup d'éclopés marchaient avec des béquilles et, lorsqu'ils se rencontraient dans la rue, ils se faisaient un petit signe discret de la main.

La première réunion d'un petit millier de survivants de mon ancienne 9e Panzerdivision eut lieu en 1954, neuf ans après la guerre, non pas en Allemagne mais à Vienne, la capitale de l'Autriche d'où la division était originaire. On se réunit pour honorer la mémoire de tel ou tel camarade qui avait disparu là-bas, dans les plaines de Russie. Ne fallait-il pas s'occuper des morts ? De ces pauvres diables qui avaient perdu leurs vies dans le brasier, dont les tombes hâtivement creusées étaient disséminées un peu partout dans cette vaste Europe jadis occupée par la Wehrmacht, de Brest à Volgograd et du cap

Nord à Tobrouk ? Voilà une noble tâche, une façon d'assumer dignement un malheureux passé et de se réconcilier avec le monde civilisé. Dans un élan admirable et peu connu des étrangers, le peuple allemand se mit peu à peu au travail de deuil. Il n'était pas possible de demander aux Russes de pouvoir opérer sur leur territoire. Ils avaient fait disparaître toute trace des envahisseurs, y compris leurs tombes. Mais là où les blessures de la guerre avaient commencé à cicatriser, dans les pays démocratiques du Nord et de l'Ouest, les frontières s'ouvrirent aux collaborateurs de l'association allemande pour le maintien des sépultures de guerre qui, créée en 1919, avait pu reprendre ses activités dès 1950. Depuis, des milliers de jeunes gens ont passé leurs vacances à aménager des cimetières allemands dans plus de quatre-vingts États. Très tôt, ils furent rejoints par de jeunes volontaires des pays dans lesquels ils travaillaient, attirés par le slogan qu'ils avaient imaginé : *Versöhnung über den Gräbern* — « réconciliation au-dessus des tombes ».

Les Allemands ne pouvaient rester à jamais dans la confortable petite niche dans laquelle ils s'étaient installés, une sorte de deuxième Suisse, neutre et non alignée. Dès 1948, la guerre froide tapait à leur porte avec le blocus de Berlin par les Soviétiques. Les Occidentaux y répondirent, un an plus tard, par la fondation de l'Alliance Atlantique. En 1950, ayant compris que la défense de l'Europe occidentale n'était pas possible sans une contribution allemande, des conciliabules ultrasecrets commencèrent entre représentants anglo-américains et membres de l'entourage du chancelier Adenauer. Il fallait procéder avec la plus grande prudence pour deux raisons : ne pas éveiller les soupçons des Russes, et ne pas susciter une réaction de l'opinion publique allemande qui ne pouvait qu'être contre une remilitarisation.

L'opinion publique fut effectivement hostile. Elle l'est pratiquement restée jusqu'à nos jours. Le fond de l'âme des Allemands de la deuxième moitié du XXe siècle est pacifique, non interventionniste et mondialiste. On a pu le constater de nos jours à l'occasion d'un débat au Bundestag sur une participation de la Bundeswehr à la guerre de Bosnie. Et on n'a certainement pas oublié les violentes manifestations pacifistes de 1983 contre l'installation des fusées atomiques américaines Pershing sur le sol ouest-allemand, en réponse aux SS 20 soviétiques.

Cette réaction s'explique aisément. Elle découle de la catastrophe de 1945, de la profondeur de l'abîme dans lequel était tombé le peuple allemand à ce moment-là. La force armée, le métier des armes qu'on avait tant adoré depuis un siècle avaient laissé un désastre sans commune mesure : la montagne de morts et de ruines, la perte d'un tiers du territoire national, l'expatriation de onze millions de concitoyens de leurs terres ancestrales à l'est, mais aussi les horribles images de ce que les Allemands avaient fait aux autres peuples d'Europe. Les accusations fusant de toutes parts ne pouvaient pas susciter d'autre réflexe que le total repli sur soi-même. Or, cinq ans seulement après cette « heure zéro », on demandait aux Allemands de porter à nouveau les armes ? Non, non, *Ohne mich* — « Sans moi » — ! Ce fut le cri qui se leva partout dans le pays et qui ne s'est jamais tu tout à fait.

Il fallait tout de même bien que la pilule passe. Et on faisait tout pour la faire passer. On avait besoin de gens de métier, on faisait appel à ceux qui avaient servi sous le drapeau à croix gammée pour qu'ils prêtent main forte à une ébauche de nouvelle armée. Il fallait aussi les réconcilier. Comment ? En leur rendant honneur.

Ce ne fut pas facile. Au début des années cinquante, l'opinion allemande avait commencé à basculer par rapport au passé nazi. La jeune génération née entre les deux guerres et trop jeune pour avoir participé à la deuxième rejetait violemment tous les « anciens », y compris ceux qui n'avaient pas été directement mêlés au crime.

La presse, la littérature furent de plus en plus sévères envers les généraux de la Wehrmacht qui avaient suivi Hitler jusqu'au bout. Les partis politiques, et avant tout le parti du social-démocrate Kurt Schumacher, sorti manchot de douze ans de camp de concentration, se dressaient énergiquement contre un réarmement allemand qui ne pouvait se faire que sur les ruines de la Wehrmacht. Le chancelier CDU Konrad Adenauer avait la plus grande peine à trouver d'anciens officiers « au-dessus de tout soupçon ou résistants » pour sa petite cellule chargée de la préparation du réarmement. Axel von dem Bussche et Christoph von Gersdorff en furent. Ils étaient environ une douzaine. On lui avait trouvé un drôle de nom : « Office du commissaire chargé par le chancelier des questions relatives à l'augmentation des troupes alliées en Allemagne ».

Le 3 décembre 1952, Konrad Adenauer montait à la tribune du Bundestag et annonçait : « Nous voulons déclarer aujourd'hui solennellement devant cette haute maison, au nom du gouvernement, que nous assurons de notre estime tous les membres de notre peuple qui ont porté des armes, y compris les membres de l'ancienne Waffen-SS, et qui ont combattu selon les hautes traditions militaires et dans l'honneur, sur la terre, sur les mers et dans les airs. Nous sommes convaincus que la bonne réputation et les valeurs inhérentes au soldat allemand sont restées vivantes dans notre peuple et le resteront, en dépit de toutes les calomnies portées contre lui ces dernières années. Notre tâche commune à tous, et je suis sûr que nous y parviendrons, doit être de concilier les valeurs éthiques du soldat allemand avec la démocratie. Le futur soldat allemand ne sera capable de remplir son devoir d'Allemand et d'Européen que s'il reste fidèle aux principes fondamentaux sur lesquels repose la Constitution de notre État. Cette Constitution protégera aussi les valeurs éthiques du soldat contre tout nouvel abus. »

Ce discours prononcé du haut de la tribune par le père fondateur de la nouvelle démocratie fut un véritable pavé dans la mare. Un homme au-dessus de tout soupçon de connivence avec le régime défunt, persécuté par la Gestapo, avait tranché *ex cathedra* sur le débat naissant au sujet des vrais aspects de l'utilisation de la Wehrmacht pendant la dernière guerre et avait offert devant un hémicycle archicomble une solennelle réparation à ceux qui se sentaient déshonorés, un blanchiment de tous les péchés, une « déclaration d'honneur » tant attendue des anciens combattants. Inclure dans le pardon la Waffen-SS était un comble et ne pouvait être accordé que par un homme disposant de l'autorité morale d'un Adenauer.

Comme celle prononcée un an auparavant par Eisenhower, la déclaration du chancelier n'était pas moins motivée par un impératif politique : la nécessité d'ajouter des troupes allemandes à la défense encore faible de l'Europe occidentale. Cette nécessité fut reconnue par tous, même par la France qui avait un certain mal à admettre le réarmement d'un voisin dont rien ne garantissait qu'il avait abjuré à jamais les dieux d'hier. Encore fallait-il abattre un obstacle de taille : la méfiance profonde, l'aversion passionnelle de la grande majorité pour le militaire. Et aussi briser l'isolement et l'amertume de ceux qui portaient seuls le blâme des crimes du passé.

Adenauer était le contraire d'un militariste. Il avait certainement détesté la caste militaire prussienne et la vue d'un casque d'acier avait dû lui procurer des haut-le-cœur. Mais tel un Bismarck, c'était un fin politicien et il savait sacrifier ses sentiments aux exigences nouvelles de l'État, de la démocratie et de la défense du monde libre.

La route vers la formation d'une nouvelle armée allemande appelée désormais *Bundeswehr* (forces armées fédérales) était ouverte. Adenauer en personne assista en avril 1955 au baptême de la première unité constituée d'un bataillon de transmission, dans une caserne d'Andernach près de Bonn. Il avait laissé le soin de l'organisation de l'armée à un syndicaliste, Theodor Blank, entouré de militaires garantissant une transition sans soubresauts d'une armée qui avait été soumise à la volonté d'un dictateur à une force imprégnée des valeurs de la démocratie. Nous en avons déjà rencontré quelques-uns dans mon récit, Bussche et Gersdorff. D'autres aussi avaient fait partie de la résistance, tels le comte Kielmansegg ou l'ex-patron de la section organisation de l'état-major de l'armée, Heusinger. Tous ces officiers surveillaient la sélection des futurs officiers. Réunis dans un « comité d'approbation », ils décidaient de la probité des postulants à une deuxième carrière militaire. Il fallait démontrer qu'on avait appartenu aux seules unités de la Wehrmacht, qu'on ne s'était pas compromis avec le national-socialisme et qu'on avait même, ne serait-ce que par des remarques désapprobatrices sur le régime, fait montre d'un certain esprit de résistance.

Les travaux des collaborateurs de Theodor Blank ne se limitèrent pas au militaro-technique, le débat principal de cette première cellule de la Bundeswehr porta, au cours de longs et souvent pénibles conciliabules, sur « l'esprit » de la nouvelle armée. Le soldat nouveau devait se distinguer de son ancêtre qui avait fait acte de soumission à Hitler. Son serment ne le liait plus à la personne d'un chef mais à la Constitution de la nouvelle République.

Le règlement ne serait plus à la prussienne mais se limiterait à l'enseignement technique. Les Allemands ont inventé un mot quasiment intraduisible pour jeter le fondement d'une armée démocratique, d'une armée moderne : *Innere Führung* ; textuellement : conduite de l'intérieur. Cette nouvelle discipline s'enseigne dans une école spéciale portant ce nom, elle comprend tout ce qui doit distinguer le nouveau soldat allemand de son prédécesseur. Plus d'obéissance mortifère, plus de soumission aveugle à un ordre, liberté laissée à chacun de distinguer un ordre conforme aux lois de la guerre d'un ordre méprisant les droits de l'homme, respect des règles de la démocratie et défense des droits du citoyen contre tout abus. Le nouveau soldat est un « citoyen en uniforme ». Il ne laisse plus ses droits de citoyen à la porte de la caserne, mais les garde tout le long de son service militaire. S'il estime en être privé, il peut se plaindre auprès d'un *ombudsman*, un homme de confiance du Parlement chargé de veiller sur le bon fonctionnement de la démocratie à l'intérieur des unités et d'en rendre compte, une fois par an, au Parlement. La Bundeswehr ne peut plus être un État dans l'État, à l'image de la Reichswehr, au temps de la république de Weimar, ou, à l'image de la Wehrmacht, un instrument de la politique d'agression d'un dictateur. Elle est une armée démocratique dans une République démocratique, commandée par un ministre de la Défense et administrée par des inspecteurs généraux. Elle est presque totalement intégrée dans la structure militaire de l'Alliance Atlantique et, en tant que telle, pas tout à fait à la disposition d'une quelconque politique nationale, indépendante, du gouvernement allemand.

Les pères fondateurs de la Bundeswehr ne pouvaient donc pas mieux faire pour prouver le changement. Mais la constitution et les objectifs des nouvelles armées avaient été l'objet de luttes homériques à l'intérieur de l'Office Blank, entre « résistants » et « loyalistes », entre ceux qui voyaient en Stauffenberg et ses amis les seuls modèles et ceux qui voulaient y inclure la majorité de l'ancien corps d'officiers resté fidèles jusqu'au bout, pour la patrie, pour le salut de leurs familles. Une question grave agitait les esprits. Pouvait-on fonder la discipline de la future armée allemande sur l'exemple de résistants, tels qu'un Stauffenberg, qui avaient « trahi » leur serment et levé la main contre le chef, dans un contexte de guerre froide où la Bundeswehr serait peut-être appelée à défendre la République ? Les idées « fumeuses et idolâtres » des réformateurs autour des colonels Baudissin ou Oster, tous résistants et fils d'un exécuté pour ce dernier, ne faisaient-elles pas obstacle à la constitution d'unités modernes et aptes à combattre si nécessaire dans les plus brefs délais ? Ne semaient-elles pas la discorde dans le futur corps des officiers ? Ce furent les reproches des « loyalistes » auxquels les réformateurs répondirent qu'avant toute chose il fallait s'assurer que le moindre germe de l'idéologie qui avait fait naufrage en 1945 ne puisse se glisser dans l'édifice.

Définitivement la nouvelle armée devrait répondre aux attentes de ceux qui l'avaient rappelée à la vie.

La dispute éclata au grand jour en automne 1952 lorsque Axel von dem Bussche, porte-parole de l'Office Blank, et son second, Konrad Kraske, démissionnèrent de leurs fonctions pour protester contre la direction traditionaliste que le chef des « loyalistes », le colonel Boleslav von Bonin, voulut imposer aux formations de la nouvelle armée. Blank et Adenauer tranchèrent en faveur des réformateurs, et le bouillant colonel poméranien dut quitter son poste. Il avait ordonné, en tant qu'officier d'état-major d'une armée, l'abandon prématuré de Varsovie en été 1944 pour empêcher l'encerclement de la garnison par l'Armée rouge, et ceci contre l'ordre express de Hitler de tenir coûte que coûte. Arrêté pour insubordination, il avait passé les derniers mois de la guerre dans un camp de concentration.

La rivalité entre les deux courants « constitutifs » de la Bundeswehr n'a jamais été complètement réglée. Elle s'est perpétuée dans le débat interminable sur la tradition, fondement moral dont aucune armée ne peut se passer. La Wehrmacht pouvait-elle transmettre quelque chose à la Bundeswehr ? Si oui, où devait s'arrêter cette tradition ? Là où l'éthique militaire commune à toutes les armées avait été mise en jeu par les soldats de la Wehrmacht ? Et que faire des valeurs séculaires propres aux militaires de toutes les nations ? La discipline, l'obéissance, la fidélité, l'ordre, le sens du sacrifice, la persévérance, l'honneur même, n'avaient-ils pas été totalement pervertis par l'ancien régime ?

Mais fallait-il chasser de la mémoire de l'armée les noms des grands chefs militaires couverts de gloire : Rommel, le Renard du désert, Manstein, le vainqueur de 1940, Rundstedt, l'irréprochable mais malchanceux chef de plusieurs armées du front de l'est, artisan de l'offensive des Ardennes en 1944, Model, le plus dur des maréchaux allemands qui n'avait pas pu sauver le groupe d'armées Centre et qui s'était donné la mort en 1945 ? Dietl, le populaire patron des troupes de montagne, héros de Narvik ? Et les As de la Luftwaffe, Hartmann aux deux cent cinquante victoires aériennes, Galland, Mölders et Rudel, le pilote des Stukas, l'homme le plus décoré de toute la Wehrmacht ? Et les héros de la bataille de l'Atlantique, les commandants de sous-marins cruellement éliminés sous la riposte des destroyers alliés ? Ou encore Lutjens, l'amiral malheureux qui avait sombré avec le *Bismarck* en 1941, non sans avoir envoyé une adresse de loyauté au Führer avant de disparaître dans les flots de l'Atlantique ? Quel était le tri à faire parmi tous ces noms d'une galerie glorieuse ? Aujourd'hui la Bundeswehr a tranché. Seuls quelques noms des chefs de l'ancienne armée dont l'attitude envers le dictateur fut sans équivoque gardent les frontons de ses casernes.

Le débat n'est pas clos pour autant. Il a trouvé une nouvelle et très vive animation quarante ans après la fondation de la nouvelle armée allemande. Car un demi-siècle après la fin du IIIe Reich et de la Seconde Guerre mondiale, le passé a rattrapé la conscience allemande.

10

La virginité douteuse de la Wehrmacht

La première contestation de la virginité de la Wehrmacht face aux crimes hitlériens s'était manifestée en 1981, avec l'ouvrage de deux historiens allemands de la génération de la guerre, qui ne passa pas inaperçu. Helmut Krausnick et Hans-Hermann Wilhelm avaient donné un titre provocateur à leur livre : *Die Truppe des Weltanschauungskrieges* — « La troupe de la guerre idéologique ». Cette troupe ne comprenait pas seulement, comme le démontrèrent irréfutablement les deux auteurs, les *Einsatzgruppen* les groupes d'action itinérants de la SS et du SD (Service de sécurité du Reich, également soumis à Himmler, *Reichsführer* de la SS), mais aussi des unités de l'armée régulière, donc des troupes du front et de ses arrières immédiats.

Une troupe qui avait été obligée de prêter main-forte, dans le cadre de la guerre raciste et idéologique que Hitler lui avait imposée, à l'extermination des quatre groupes humains que le dictateur avait destiné à la disparition, à savoir les Juifs, les fonctionnaires du parti bolchevique, les « éléments asiatiques racialement mineurs » et les gitans.

Le livre fut fort mal perçu par le petit nombre d'anciens combattants dans les mains desquels il était passé. Le volumineux fascicule n'était rien d'autre que la destruction du mythe du « soldat du front propre ».

Mais il était difficile de contester l'authenticité du témoignage, le sérieux du travail de recherche fourni par les auteurs qu'on ne pouvait pas taxer de sympathisants de la gauche. Krausnick et Wilhelm faisaient partie de la petite équipe de chercheurs du très honorable « Office de recherche de l'histoire militaire » de Fribourg-en-Brisgau, chargé, depuis les années quarante d'établir une historiographie scientifique des forces armées du Reich dans la Deuxième Guerre mondiale, et de répondre aux multiples questions que le monde se posait sur les origines de la catastrophe militaire allemande. Krausnick et Wilhelm avaient travaillé pendant vingt ans sur le sujet ; une première publication prévue pour le début des années soixante-dix avait été remise à plus tard, pour des raisons encore inexpliquées.

Le livre contenait des accusations terribles. Son contenu principal portait sur les activités des quatre *Einsatzgruppen* (A, B, C et D) qui opérèrent sur le territoire de la Pologne, des Balkans et de la Russie occupés et leurs multiples sous-organisations. Une deuxième partie traitait des détails du programme d'extermination à l'aide de l'exemple de l'un de ces quatre groupes.

Le travail des deux chercheurs était facilité par une ample moisson de documents que les fonctionnaires de la SS avaient accumulés. Avec une organisation et un sens de la documentation tout allemands, chacun des quatre « groupes d'action » avait rapporté les résultats de leur « travail » à la centrale de Berlin, et ces documents, véritables récits d'horreur, avaient échappé à la destruction systématique pratiquée par les administrateurs de l'holocauste avant de disparaître.

La lecture de ces documents glace le sang. La façon de procéder de ces escadrons de la mort est aujourd'hui connue. La littérature et des films documentaires ont déroulé ce drame depuis une cinquantaine d'années devant les yeux du monde, mais le choc des images dès qu'on s'y trouve exposé n'en diminue pas pour autant. Les rafles, le transport des victimes sous le fouet vers une destination trompeuse, les fosses dans les forêts, les salves, la précipitation des cadavres dans la fosse, une couche au-dessus de l'autre, cinq cents ici, douze cents là, avec le record absolu de 33 771 Juifs, hommes, femmes et enfants, assassinés entre le 29 et le 30 septembre 1941 au ravin de Babiyar près de Kiev, par l'Einsatzgruppe 4A. Dans leur rapport à Berlin, les responsables du groupe avaient eux-mêmes décrit cet « exploit » comme une *Gross-Aktion*, une action de grande envergure, et avaient ajouté, non sans une certaine satisfaction, que « tout s'était passé sans faille ». Rien que le transport des vêtements des victimes avait nécessité cent camions. Ce butin considérable avait été distribué ensuite à la *Volkswohlfahrt*, organisation d'entraide du Parti national-socialiste en Allemagne, et aux casernes de la Waffen-SS.

Quant à la « sélection » des victimes selon les catégories établies par les idéologues de Hitler, et à la chance des Juifs d'échapper au massacre, Krausnick écrit : « Tandis que chez les trois autres catégories destinées à la destruction une certaine marge d'appréciation quant à l'appartenance de tel ou tel individu était laissée aux responsables, pour la première, les Juifs, toute interrogation était exclue. Ici, la simple appartenance suffisait pour être abattu. Le comportement d'un Juif, qu'il fût " impertinent, consentant-anxieux, saboteur ou distributeur de tracts subversifs ", ou encore " réticent au travail " n'avait aucune incidence sur son sort. Aucun examen particulier n'était prévu. Il était fusillé parce qu'il était juif. En tant que tel, il tombait automatiquement sous l'ordre du Führer qui imposait la " totale élimination des Juifs ". »

Dans la préface de leur volumineux rapport (662 pages), les deux auteurs s'interrogent, comme l'ont fait des millions d'hommes depuis la fin du cauchemar. Comment une telle catastrophe a-t-elle pu arriver et comment a-t-on pu trouver des hommes pour mettre à exécution l'horrible besogne ?

Krausnick : « Quel était le climat spirituel, mental et idéologique qui avait pris possession d'une si large part du peuple allemand, un climat qui a pu le rendre non seulement aveugle, mais consentant aux crimes du régime. Quel était le climat qui laissait les hommes des Einsatzgruppen s'auto-suggérer qu'ils ne faisaient que leur " dur devoir " ? Était-ce la fascination de la doctrine officiellement propagée qui menait les gens à la déraison, qui libérait les instincts les plus bas et les légitimait ? Était-ce une idée hypertrophiée de la nation, une notion qui niait le sens et la norme de l'humain et qui donnait raison à l'avertissement de Grillparzer, qui parlait du droit chemin qui mène “ de l'humanisme par le nationalisme à la bestialité ” ? Était-ce la perversion du système impérialiste qui, par la déification de l'État et de ses représentants, parvenait à légitimer le crime dans un sens métaphysique ? »

Krausnick et son collègue posaient une autre question bien plus grave pour l'équilibre moral de la nation allemande : comment était-il possible que tous ces crimes aient été perpétrés, pendant des années et simultanément dans plusieurs secteurs géographiques, sans que leurs exécutants ne fussent dérangés dans leur besogne par qui que ce soit ? Crimes commis dans des espaces où se trouvaient, au même moment, des troupes allemandes de l'armée ordinaire, des unités combattantes ou de couverture qui détenaient non seulement le pouvoir tactique en pays ennemi selon toutes les règles de la guerre, mais aussi le pouvoir juridique et exécutif sur les populations civiles dont elles avaient la charge ? Comment se fait-il que des militaires conventionnels aient permis qu'on les prive de leurs compétences pour laisser une totale liberté d'action aux organes exécutifs des nazis ?

La triste vérité établie par les historiens est que ces militaires « conventionnels » s'étaient couchés devant Hitler. A quelques exceptions près, tous les hauts commandants militaires allemands ont accepté la politique d'extermination de leur chef suprême. Quelques-uns, nous les avons cités, l'ont même activement soutenue, voire demandée.

Et cela dès le début de la guerre. Car les exactions des groupes d'action de Heinrich Himmler n'ont pas commencé en Russie, mais bien avant, en Pologne, avant même que la victoire éclair de la Wehrmacht en automne 1939 ne soit assurée. Ces groupes avaient été mis sur pied avant la guerre. Ils avaient ordre de coller aux unités combattantes de la Wehrmacht et d'entrer en action aussitôt qu'un terrain était définitivement occupé. Ils étaient motorisés pour être en mesure de suivre la Blitzkrieg, forts d'une centaine d'hommes venant des SS et de la police, munis d'armes légères et de couverture. Ces groupes très mobiles et calqués sur le modèle des unités motorisées de la Wehrmacht n'étaient pas omniprésents, certes ; comme je l'ai dit, on ne les apercevait que par hasard, dans le maelström d'une armée en marche. Mais les cas dans lesquels ils ont exécuté leurs ordres à l'abri des regards, loin de tout le monde, ont dû être exceptionnels. Un grand nombre de soldats de la Wehrmacht en furent témoins, contre leur gré ou non, comme le montrent certaines photos qui sont tombées dans les mains des chercheurs. On peut admettre que, sur les dix-huit ou vingt millions d'Allemands qui ont porté l'uniforme de la Wehrmacht pendant la guerre, un bon million a dû assister à des actes qui n'avaient rien à voir avec une guerre conventionnelle et se situaient clairement en dehors de toutes les traditions militaires.

Krausnick et Wilhelm livraient des preuves accablantes de cette connivence. Il y a eu, il est vrai, quelques protestations au début. Les généraux von Küchler et von Blaskowitz, ayant chacun commandé une armée pendant la campagne de Pologne, ont exprimé leur désaccord avec les mesures prises par les autorités du parti et des SS après la fin des combats. Ils ont tous les deux essayé de s'y opposer. Le *Generaloberst* (général d'armée) von Küchler a protesté contre la clémence d'un jugement visant un officier SS qui avait fait exécuter cent cinquante Juifs dans la ville polonaise de Mlawa. Il fut blâmé par son supérieur von Brauchitsch, commandant suprême de l'armée de terre, qui, lui, avait déjà consenti à céder ses prérogatives de responsable suprême en Pologne occupée à Hans Frank, représentant du parti nazi et promu par la suite gouverneur général de la partie annexée par le Reich. L'officier SS fut gracié sur ordre direct de Hitler. Küchler fut sévèrement réprimandé par Himmler en personne parce qu'il avait qualifié les exactions des SS dans sa région de « tache de honte sur le blason de l'armée ». Brauchtisch, pour en terminer avec l'incident, avait sèchement fait savoir au *Generaloberst* que la Wehrmacht n'avait pas à s'opposer aux « mesures de politique ethnique » du Führer en Pologne.

Dans un autre cas, également en Pologne, un lieutenant-colonel de la Wehrmacht avait procédé à l'arrestation d'un officier SS de l'Einsatzgruppe V, qui avait fait fusiller des Juifs et des « résistants polonais » devant sa troupe. L'officier dut se rendre au rapport au quartier général du Führer en Prusse orientale et fut menacé d'être dégradé en cas de récidive.

Le Generaloberst von Blaskowitz fut celui qui protesta le plus violemment, à plusieurs reprises, contre cette politique. Dans sa dernière lettre à von Brauchitsch, datée du 27 novembre 1939, il parlait du « poids moral insupportable par la troupe qui assiste à des crimes qu'elle ne comprend pas et qu'elle abhorre, et qui sont d'autant plus graves à ses yeux qu'ils sont perpétrés par des gens portant comme elle, l'uniforme vert-de-gris, auquel la notion d'honneur est attachée ». Mais Brauchitsch, descendant d'une vieille noblesse militaire de Prusse, avait déjà, un mois auparavant, dans une lettre à tous les commandants supérieurs en Pologne, demandé « la plus large compréhension pour la politique du Führer ». Il s'était donc rangé derrière le régime, en tant que chef suprême d'une armée qui observait jusque-là une distance appuyée avec le Parti national-socialiste. Krausnick : « Ainsi fut gaspillée la dernière chance d'une prise de position commune de tout le corps d'officiers, contre une politique d'occupation criminelle. »

Les gens qui manifestèrent leur réprobation restèrent isolés, comme ces officiers d'un état-major en Pologne qui dirent à une de leurs hôtesses, une comtesse polonaise, que derrière eux un pouvoir bien plus terrible allait régner sur son pays, et que leurs protestations devenaient, au fur et à mesure que le crime se répandait, de plus en plus dangereuses pour ceux qui les proféraient. Cependant, en Russie, où les exactions furent infiniment plus nombreuses et plus brutales, des voix de la conscience s'élevèrent encore.

Kowno, la capitale de la Lituanie occupée par la Wehrmacht au troisième jour de la campagne, fut le théâtre du premier grand génocide. Entre le 26 et le 29 juin 1941, tous les Juifs de la ville, sans exception, furent passés par les armes. Heydrich, chef du SD (service de sécurité SS) avait auparavant ordonné à ses troupes de s'appuyer sur la population non juive de la ville pour leur faciliter le travail, de l'inciter à se soulever contre les Juifs, à organiser des « pogromes spontanés ». C'est ainsi qu'on avait pu déclarer « après-coups » que le meurtre de 1 511 Juifs en trois jours avait été commis par des « partisans lituaniens ». Sans doute des civils ont-ils participé à la boucherie, mais ils étaient encadrés par des SS qui ne les empêchaient pas, comme le rapportent plusieurs témoins, non seulement de tuer leurs victimes par balle, mais de les battre à mort.

Cependant l'ordalie n'avait pas lieu sans réactions. Beaucoup de soldats allemands « ordinaires » avaient assisté au spectacle. Un grand nombre d'entre eux se plaignirent par la suite auprès de leurs chefs, exprimant leur colère de ne pas être entrés les premiers dans la ville, l'arme à la main, pour éviter un tel crime, crime dont les conséquences allaient, de surcroît, se répercuter sur eux. Le commandant de la division qui avait pris la ville envoya une protestation écrite à l'état-major de la 16e armée dont il faisait partie, avec demande de faire arrêter tout de suite le massacre. Réponse de l'officier de renseignements de l'état-major de la division : « Nous avons ordre de rester neutre dans cette affaire. »

Le commandant de l'armée, le Generaloberst Busch, taxé de « nazi » par ses subordonnés, déclarait devant ses officiers :

— Ceci est une affaire politique qui ne nous concerne pas, c'est-à-dire, elle nous intéresse quand même, mais nous ne sommes pas autorisés à nous y mêler, et puis, que pourrions-nous bien faire ?

Son officier d'ordonnance, le major baron von Griessenbeck, notait dans son journal en date du 29 juin : « Nos soldats furent des spectateurs tranquilles et neutres... ils n'avaient pas reçu l'ordre d'intervenir, d'arrêter d'une façon ou d'une autre le tribunal de sang... les persécutions durèrent jour et nuit du 25 au 29 au soir. Ce n'est qu'après que le calme fut rétabli. »

En effet, que pouvait bien faire le commandant d'une armée en guerre dans une telle situation ? Faire tirer ses troupes sur les SS ? Déclencher une guerre civile allemande en territoire ennemi au sixième jour d'une offensive en plein mouvement ? Donner au moins un exemple ?

Les récits des chefs des Einsatzgruppen énumèrent, tel un chapelet, les noms des localités où ils avaient « fait leur devoir ». Un certain nombre de ces noms me sont bien connus. Ils s'étaient trouvés sur la route de la 9e Panzerdivision, en été et en automne 1941. Tarnopol, Bjelaja-Zerkiew, Porskurow, Shitomir, Berditschew, Krivoy Rog. Je les revois, ces petites villes d'Ukraine, dans leur blancheur riante, dans l'éclat de leurs églises orthodoxes surplombées de clochers dorés contrariés par le stéréotype des monuments érigés à la gloire des Lénine, Staline, Marx et autres Engels. Souvent leurs noms évoquent pour moi celui d'un camarade tué au combat, sur une de leurs places ou dans une de leurs rues. Nous les traversions vite, sauf Krivoy Rog, le grand complexe industriel de l'Ukraine, au centre de la grande boucle du Dniepr, dont nous mîmes cinq jours à nous rendre maîtres.

Eh bien, je lis dans l'ouvrage de Krausnick, s'appuyant sur des transcriptions de rapports des Einsatzgruppen C et D, que, « dans le but de répertorier tous les Juifs des territoires formant l'arrière du groupe armée sud et de les faire disparaître méthodiquement, ils [les deux groupes d'action] avançaient à la pointe des troupes combattantes pour être en mesure d'agir immédiatement ». Ils avaient formé à cet effet, des « groupements avancés en liaison avec les états-majors de l'armée, et ceux-ci, précise un rapport, ne nous ont épargné ni compréhension, ni soutien dans l'accomplissement de notre tâche ».

Peut-être ces « troupes » d'un genre spécial sont-elles passées sous mes yeux, mais, puisque que je ne les ai pas vues « au travail » (j'ai énuméré précédemment les quelques occasions dans lesquelles j'ai pu regarder la « grimace » du régime dans les yeux), je ne les ai probablement pas remarquées.

Elles ne se distinguaient pas des unités de la Waffen-SS, portant les mêmes tenues de combat et les mêmes signes de grade. Or, plusieurs divisions de SS opérèrent en été 1941 dans notre secteur.

Une chose est certaine : ils ont trouvé une ample moisson de victimes à « enregistrer et rassembler », comme ils le disaient dans leurs rapports. Chacune de ces villes hébergeait, depuis des siècles, de vastes communautés juives qui avaient développé leur langue et leur culture propres, dont celle du *Schtettel*, « petite ville » en yiddish, est l'expression la plus émouvante.

Dominant les professions libérales, le commerce et l'artisanat local, elles avaient été en permanence exposées aux pogromes tsaristes. Toute cette culture florissante était destinée à disparaître, d'un seul coup, brutalement et en l'espace de quelques semaines, dans un bain de furie et de sang.

Les SS n'étaient pas seuls. La Wehrmacht était là pour leur fournir le terrain, parfois la protection. Et les « milices » locales, polonaises ou ukrainiennes, les aidaient activement. Si le bras d'un tireur faiblissait, il s'en trouvait toujours un autre pour le remplacer. Là où le moral fléchissait, l'alcool servait à le relever. Une conscience qui s'éveillait était vite calmée. Il s'agissait, leur disait-on, de libérer la population ukrainienne d'une domination qui l'opprimait, et de faire place à la germanisation. Cette population, il est vrai, applaudissait souvent au massacre, épousant la terminologie des occupants pour lesquels les Juifs étaient, « par principe des agitateurs, ou, pire encore, des agents de liaison de l'Armée rouge ».

Le lieutenant-colonel Groscourth, plus tard l'un des membres de la résistance, assista en tant qu'officier d'état-major de la 68ᵉ division d'infanterie, à un acte particulièrement odieux, l'assassinat par les SS dans la ville de Bjelaja Zerkiew, de cent cinquante enfants juifs. Il note dans son journal : « Les troupes de notre division, de passage dans la ville, manifestaient ouvertement leur dégoût et leur désapprobation. » Mais, là encore, comme dans d'autres endroits, la révolte se limitait aux propos verbaux. Personne n'osa venir en aide aux malheureux.

La SS en concluait naturellement qu'elle pouvait agir en totale impunité, voire légitimité. Ne se sentait-elle pas couverte par les plus hautes autorités de la Wehrmacht elle-même ? Les tribunaux des Alliés et les historiens allemands ont révélé les ordres donnés par certains maréchaux et généraux de la Wehrmacht que j'ai évoqués plus haut. Citons-en quelques-uns :

Devant la réticence d'un certain nombre d'officiers de l'année ordinaire à collaborer avec les Einsatzgruppen, réticence qui allait jusqu'à leur interdire de pénétrer dans les camps de prisonniers pour y « sélectionner » les Juifs, le commandant de la 6ᵉ armée (celle qui devait sombrer à Stalingrad), le Generaloberst von Reichenau, envoyait le 10 octobre 1941 l'ordre suivant à toutes les troupes sous son commandement : « Vu le caractère singulier de notre combat, qui est un combat d'anéantissement du système judéo-bolchevique, nous devons accomplir des tâches qui dépassent le cadre traditionnel des obligations du soldat.

« Le soldat à l'est n'est pas seulement un combattant qui suit les règles classiques de l'art de guerre. Il est le représentant d'une idée ethnique impitoyable et le vengeur des bestialités qui ont été commises envers le peuple allemand et envers d'autres peuples de même sang. C'est pourquoi je demande au soldat d'avoir la plus totale compréhension pour les mesures, certes dures mais justes, prises à l'encontre de la juiverie sous-humaine. Ces mesures poursuivent aussi le but de tenir nos arrières propres et de supprimer toute révolte dans le dos de la Wehrmacht dont l'origine est à rechercher chez les Juifs. »

Cet ordre se sert amplement de la terminologie nazie. Il cherche à peine à se donner une apparence de légitimité, taxant les Juifs d'« incitateurs au soulèvement ». Il fut expressément approuvé par le commandant du groupe d'armées sud, le maréchal von Rundstedt, qui le fit transmettre à toutes les grandes unités de son groupe d'armées.

Par ailleurs, le général von Reichenau prévenait ses subordonnés contre toute « humanité mal comprise envers la population civile et les prisonniers de guerre », attitude qualifiée d'incompatible avec la rigueur du combat contre « le système bolchevique ». L'ordre interdisait formellement toute critique des mesures prises contre les Juifs.

Reichenau ne fut pas le seul, mais il était probablement le plus convaincu et le plus déterminé parmi les hauts dignitaires de l'armée. D'autres le suivirent, comme Manstein, et même Hoeppner, futur martyr de la résistance. Le général Hoth, qui fut mon supérieur en 1942 dans le sud de la Russie et jouit d'une réputation d'excellent chef d'armées blindées, adressait la directive suivante à ses soldats : « Ces milieux [les éléments incompatibles avec notre identité ethnique, terme souvent employé pour les Juifs] sont les pères spirituels du bolchevisme, les suppôts de son organisation meurtrière, les alliés des partisans. C'est cette même classe d'hommes qui, par ses agissements contraires à notre façon d'être et de penser, a fait un immense tort à notre patrie allemande et soulève aujourd'hui des courants antiallemands dans l'opinion mondiale. Elle se veut porteuse de la vengeance. Son extermination nous est donc imposée comme un acte d'autopréservation. Le soldat qui critique de tels actes n'a pas présentes à l'esprit les activités déstabilisantes et démoralisantes exercées par le judéo-bolchevisme contre son propre peuple. »

L'existence de tels ordres du jour, émanant des plus hautes instances de la Wehrmacht, prouvent au moins une chose, c'est que des protestations contre les exactions ont existé dans les unités combattantes. Mais pourquoi ces hautes instances ne se sont-elles pas unies aux protestations ou aux états d'âme de leurs subordonnés ?

L'ordre de Reichenau avait été jugé « excellent » par Hitler en personne. Keitel, commandant suprême de la Wehrmacht, et Brauchitsch, responsable de l'armée de terre, se dépêchèrent de communiquer le texte à toutes les autres armées combattant sur les fronts de l'est, ainsi qu'aux multiples commandants des territoires en arrière du front. Ceux qui protestaient encore n'avaient désormais qu'à bien se tenir. Une de ces protestations, émanant de l'officier de renseignements du groupe d'armées Centre, était dirigée contre « le traitement inhumain des prisonniers russes dans les camps de transition ». Le drame de ces malheureux, dont 2,3 sur 5,6 millions périrent pendant le transport et après leur arrivée en Allemagne, mériterait un chapitre à part. Mais ces protestations ne furent pas prises en considération. Ainsi, le commandant de l'Einsatzgruppe C pouvait-il écrire, dans un commentaire destiné à ses supérieurs à Berlin, daté du 11 octobre 1941 : « Nous pouvons donc nous attendre à l'avenir, pour autant qu'il s'agisse du secteur du commandement de la 6e armée [celle de Reichenau], à un soutien bien plus efficace de la part des autorités de la Wehrmacht. Le 10 octobre 1941 le général von Reichenau a décrété que le Juif et le soldat russe sont à classer représentants du bolchevisme et à traiter en conséquence. »

Le livre de Krauswick et Wilhelm avait donc semé les premiers doutes quant à la virginité de la Wehrmacht. Ceux qui avaient vu et su, mais qui avaient voulu oublier ou laisser le temps faire son œuvre, ne pouvaient plus ne pas se poser de questions. Au moment de sa parution, beaucoup d'anciens commandants de divisions, de régiments, de bataillons et de compagnies vivaient encore, ainsi que beaucoup de leurs hommes. Cependant, je doute que beaucoup aient lu le document. Le livre, de par son apparence plutôt rébarbative, n'attirait pas les foules. La presse le traitait un peu négligemment. Même la gauche, si attentive à toute remise en question du passé récent, n'en fit pas un cheval de bataille. Elle était sans doute trop occupée par la mobilisation du pacifisme allemand contre les fusées Pershing. Il fallut l'ouverture du mur de Berlin, les retrouvailles entre Allemands de l'Ouest et de l'Est, l'accès à des archives jusqu'à présent inaccessibles aux chercheurs occidentaux, pour qu'une révélation à grande échelle puisse se faire.

Cette révélation fit irruption brutalement au printemps 1995, juste au moment où les Allemands et le monde entier célébraient le cinquantenaire de la fin de la Deuxième Guerre mondiale. Alors resurgit le vieux débat entre les générations sur l'interprétation du 8 mai 1945. Ce jour était-il pour l'Allemagne un jour de deuil ou un jour de libération ? Que fallait-il commémorer ? La défaite de l'Allemagne, la capitulation de l'armée devant une coalition ennemie surpuissante, après une lutte héroïque qui ne s'était terminée que dans la dernière cave de Berlin, à la dernière cartouche, au dernier râle du combattant ? Ou la fin d'une dictature, d'un envoûtement, de la peur, de la persécution, de la mort, de la honte ?

Les voix qui défendaient la première version s'étaient affaiblies. Depuis le discours du président von Weizsäcker devant le Bundestag un an auparavant, discours au cours duquel le premier des

Allemands, lui-même combattant de la dernière guerre, avait reconnu devant le monde la responsabilité collective de son pays pour les crimes hitlériens, il était devenu difficile de défendre l'innocence de la Wehrmacht, de la singulariser, de l'exclure de la responsabilité collective. Le nombre de ceux qui avaient autorité pour le faire avait singulièrement diminué. Deux nouvelles générations étaient arrivées à l'âge adulte. Celle de 1968 avait donné un gros coup de pied dans l'édifice des traditions. En 1985, quarante ans après, dans les médias, il ne se trouvait déjà plus guère de monde pour pleurer la défaite du IIIe Reich. Pour les survivants de la génération de la guerre, il ne restait qu'une attitude à prendre : se taire et garder dans son for intérieur les derniers rayons de gloire qui étaient jadis tombés sur le front de ceux qui « avaient tenu jusqu'au bout pour la patrie ».

Ce qui est arrivé dix ans plus tard a toutes les apparences d'un coup de grâce. En avril 1995 s'ouvrait à Hambourg une exposition sous le titre : « Guerre d'extermination. Crimes de la Wehrmacht 1941 à 1945 ». L'initiateur en fut l'industriel Jan Philippe Reemtsma, héritier de l'une des dynasties les plus puissantes de l'industrie du tabac. Ses collaborateurs furent des historiens de la génération 68, collaborateurs d'instituts historiques réputés, comme l'Institut socio-historique de Hambourg ou l'Institut de recherche de l'histoire militaire de Potsdam. Ils avaient travaillé pendant deux ans, surtout à partir d'archives moscovites et de Berlin Est. La plus grande trouvaille fut une masse de plusieurs milliers de lettres de soldats allemands de la 6e armée qui avait sombré à Stalingrad, d'autres armées aussi dont l'Armée rouge avait rattrapé les trains pendant l'avance éclair de l'été 1944, lettres sur lesquelles elle avait ainsi pu mettre la main.

Dans ces lettres, quelques-uns des auteurs avaient raconté, souvent avec un amour surprenant du détail, leur participation à des actions violentes contre les partisans, contre la population civile, à des exécutions d'otages, à des actions de terre brûlée.

Elles constituaient l'essentiel de la documentation soumise aux visiteurs de l'exposition, avec plus de trois cents photos montrant des scènes violentes et cent cinquante photocopies d'ordres ou de directives du haut commandement militaire. La thèse centrale des exposants — « La Wehrmacht a mené, entre 1941 et 1945, dans les Balkans et en Union soviétique, non pas une guerre normale mais une guerre d'extermination délibérée contre les Juifs, les prisonniers de guerre et la population civile, dont des millions d'êtres humain furent les victimes » — était aussi délibérément provocatrice que l'agencement de l'exposition. La Wehrmacht en tant que telle était un instrument du génocide. Lettres et documents étaient disposés autour d'une gigantesque croix de Malte, modèle de la croix de Fer portée par des millions de soldats allemands des deux guerres. Un des slogans mis en tête d'affiche de la présentation était, comme je l'ai déjà dit, une cruelle déformation de l'une des plus sacrées devises de l'armée allemande : « *Gehorsam bis zum*

Mord — Obéissant jusqu'à l'assassinat » —, par dérision à la place de « *Gehorsam bis zum Tod* — Obéissant jusqu'à la mort », pour laquelle quelques autres millions de soldats sont tombés devant l'ennemi.

Obéissant jusqu'à l'assassinat. Ce que Krausnick et Wilhelm avaient exposé les premiers plus de dix ans auparavant à un nombre restreint de lecteurs fut étalé au grand jour devant un public incrédule, sceptique ou consentant. L'exposition fut montrée dans plusieurs villes et attira en fin de compte presque cent mille visiteurs. Mais ce fut surtout la presse qui s'en empara. Les commentaires furent mesurés. A force de trop vouloir prouver, l'exposition nuisait à sa démonstration. Oui, il est indéniable que la Wehrmacht n'a pas fait une « guerre propre », disait-on. Oui, les généraux avaient accepté, couvert et souvent soutenu des actions d'extermination demandées par les SS. Oui, certaines unités de l'armée avaient même activement participé à de telles exactions. Mais de là à conclure que la Wehrmacht dans son ensemble était une organisation criminelle, dans tous ses éléments et jusqu'au dernier soldat, non, cela n'était pas prouvé et ne pouvait donc pas être soutenu.

L'hebdomadaire hambourgeois *Die Zeit*, connu pour son attitude libérale de gauche avait organisé une table ronde pour l'ouverture de l'exposition, avec des journalistes, historiens et anciens combattants, parmi lesquels l'ex-chancelier Helmut Schmidt, Klaus von Bismarck, proche descendant du « chancelier de fer » et ancien président des

Instituts Goethe, et Jürgen Schreiber, lieutenant de la Luftwaffe en 1945 et ancien général de la Bundeswehr. Seul parmi les anciens, Jürgen Schreiber réfutait toute culpabilité de la Wehrmacht. Mais il ne put pas faire figure de témoin, ayant obtenu son grade de lieutenant-pilote d'une escadre de chasse en avril 1945, un mois avant la fin de la guerre. En fait, Schreiber avait à défendre, en tant que président de la puissante Fédération des associations de soldats allemands, les susceptibilités de ses cotisants.

Par contre, Schmidt et Bismarck, ce dernier non sans une certaine tristesse, ne se privaient pas d'avouer avoir eu connaissance de crimes, d'en avoir vu et d'avoir eu la conviction, vers la fin de la guerre, d'être au service d'un régime criminel et pervers, tout en étant restés fidèles jusqu'au bout, ainsi que tous leurs camarades.

Une déclaration de Klaus von Bismarck, au cours du colloque, peut éclairer ce que probablement des milliers d'officiers de la Wehrmacht ont dû ressentir à l'heure où le crépuscule descendait sur l'Allemagne. Comme beaucoup d'autres de sa génération, celle d'avant 1914, il avait fait toute la guerre sur tous les fronts et commandait, à la fin, un régiment d'infanterie en Prusse orientale. En 1943 il avait eu, comme son camarade Axel von dem Bussche, une expérience clé. Jeune commandant d'un bataillon, il avait été convoqué à l'état-major de son armée, à Pleskau, au nord du front de l'est. Il y avait vu, selon ses propres mots, « la première saloperie géante » commise par les troupes allemandes à l'encontre de prisonniers soviétiques. « J'ai vu de mes propres yeux comment on traitait les prisonniers. Il y avait des cadavres sous la neige. J'ai été tellement hors de moi que j'ai immédiatement fait un rapport au *Generalfeldmarschall* Busch (le commandant de son armée). Celui-ci fut aussi ému que moi. Mais j'ai dû faire l'expérience bouleversante que mon supérieur avait au fond le sentiment de ne plus pouvoir faire quoi que ce soit, dans l'enceinte de sa propre armée, contre l'emprise de Himmler. On lui avait déjà cassé les reins. »

Question d'un historien : « S'agissait-il de prisonniers exécutés par la Wehrmacht ? »

Réponse de Bismarck : « Je ne saurais le dire avec exactitude. J'ai examiné quelques cadavres et constaté qu'on avait achevé les épuisés et les traînards d'un coup dans la nuque. Il se peut que les exécutants aient été des membres de la milice lettone ou ukrainienne, ou des hommes de *Dirlewanger* (une division de la Wehrmacht composée d'éléments hétérogènes, majoritairement des condamnés de droit commun). Mais l'essentiel pour moi était que l'armée n'était pas en mesure de réagir. »

Plus loin : « Je savais aussi que des unités comme mon cher 4e régiment d'infanterie de Kolberg, ou mon bataillon de chasseurs à pieds, vivaient sur l'île de l'illusion. Car nous avions cru que nous pouvions rester des soldats corrects dans une guerre qui avait des buts criminels. Je savais aussi que nous étions conduits par un criminel. Et pourtant, la majorité de mes camarades a continué à se battre, coulés qu'ils étaient dans le moule de la tradition militaire prussienne. Mon sentiment à l'époque était que je ne pouvais pas abandonner mes hommes. Et ceci d'autant plus que je savais depuis 1943 que la guerre était perdue pour nous. Mais je ne voulais ni ne pouvais laisser mes hommes seuls. »

L'ex-chancelier Schmidt était officier dans la défense antiaérienne. Petit-fils d'un commerçant juif de Hambourg, il avait eu la chance de ne jamais être dénoncé et d'avoir pu suivre une carrière normale d'officier de la Wehrmacht. Schmidt n'a jamais vu de soldats de l'armée, de la marine ou de la Luftwaffe à laquelle appartenait la défense aérienne, commettre le moindre crime. Il affirme, lui, le descendant d'un Juif, n'avoir jamais vu aucun homme dans la rue porter une étoile jaune. Cela est aussi une vérité allemande.

Mais Helmut Schmidt ne nie pas qu'il y ait eu des crimes dans les rangs de la Wehrmacht. Il dit qu'il faut en parler, tout mettre sur la table, qu'il faut les juger et les condamner d'un point de vue moral, mais qu'il ne faut pas généraliser. Pour l'ex-officier et ex-chancelier, il ne peut y avoir ni conscience, ni culpabilité collectives, mais seulement une faute et une culpabilité individuelles. Vieux dilemme, vieux débat. Souci aussi d'un homme politique longtemps à la tête d'un gouvernement fédéral de ne pas heurter de front les jeunes soldats de la Bundeswehr dont il fut un temps le chef en tant que ministre fédéral de la Défense. D'ailleurs, la Bundeswehr, invitée au débat, s'était dérobée, sans doute par crainte de devoir en dire trop. Trop pour la conscience d'une jeune armée qui n'a pas encore fait sa mue, qui ne sait toujours pas quelle est l'attitude à prendre vis-à-vis de ses ancêtres.

Il est un fait que la Bundeswehr entretient dans toutes ses casernes une « salle de la tradition », habituellement baptisée d'après le nom d'une division de la Wehrmacht dont elle a la garde. On y préserve soigneusement des cartes sur lesquelles sont inscrits les itinéraires de la division défunte à travers l'Europe en guerre, des livres racontant son destin, des pièces d'uniformes et des armes. On baptise aussi telle ou telle caserne, comme je l'ai dit, du nom d'un ancien grand chef. A Munsterlager, magnifique et vaste camp militaire dans les landes de Lüneburg au nord de l'Allemagne, siège de l'école de cavalerie et sorte de temple sacré de l'arme blindée, un petit bois de pins et de bouleaux abrite un alignement de menhirs qui forment un cercle autour d'une vaste croix. Chacune de ces pierres noires porte le nom de l'une des vingt-quatre Panzerdivisionen de la Wehrmacht, exprimé par les sigles bizarres qui ornaient jadis leurs véhicules de combat. Tous les ans en novembre, lorsque le peuple allemand fait le deuil de ses morts, un petit groupe d'anciens soldats se réunit sous les bouleaux et fleurit les menhirs. Les aumôniers des deux cultes font des prières, et un général de la Bundeswehr fait l'oraison funèbre de l'ancienne armée. Qui oserait, dans une cérémonie aussi digne et émouvante, parler des crimes commis par ceux qu'on commémore ?

Et pourtant, un de ces jeunes généraux, le général

de brigade Detlef Ahrens, à l'époque commandant de l'École des blindés, a invité ses auditeurs à inclure dans le deuil de leurs camarades morts au combat les victimes de la persécution nazie et, surtout, les morts d'Auschwitz dont le souvenir avait sa place ici, au berceau de l'arme blindée allemande.

Il avait eu, le premier, le courage de faire un lien entre tous les morts victimes de la frénésie hitlérienne, non pas dans le sens d'une égalité du sacrifice, d'une égalité entre les participants à la tentative de la conquête du monde et ceux qui avaient été broyés par la haine raciale, mais dans le sens d'une commémoration commune, d'une égalité du respect dû à tous nos morts, y compris ceux qu'on avait toujours eu honte d'avouer.

« Je remercie encore aujourd'hui le Bon Dieu de ne pas avoir pressé sur la détente », écrit un soldat inconnu dans une lettre à sa mère en 1944. La missive fait partie des milliers de lettres que l'on a retrouvées après la guerre froide dans les archives russes et dont quelques-unes furent exposées à Hambourg.

Le soldat a dû être tué au cours des derniers combats aux alentours de Berlin. Sa lettre n'était jamais arrivée à destination. Peu de temps avant d'avoir écrit à sa mère, ce soldat avait dû poursuivre un jeune Russe qui s'était dérobé, au dernier moment, à une exécution d'otages. L'Allemand l'avait retrouvé dans un trou boueux dans la forêt, recroquevillé sur lui-même dans une attitude de demande de grâce. « J'avais un bon ange gardien, écrivit ce jeune soldat. Une fraction de seconde entre la pression sur la détente et le pardon, et c'est le pardon qui l'emportait en moi et qui m'a épargné de porter le poids d'un lourd péché jusqu'à la fin de ma vie. »

D'autres ne l'ont pas eu, ce bon ange gardien, et ils n'ont pas hésité une fraction de seconde. D'autres encore, comme moi ou comme Helmut Schmidt, ont eu le bonheur, la baraka, de ne pas avoir été exposés à une situation où le sentier entre la conscience et l'obéissance est terriblement étroit. Où la simple contagion de la guerre, où la familiarité avec la mort pouvait faire trébucher à chaque instant.

D'autres encore ont su que des choses terribles se passaient, mais, comme Klaus von Bismarck, ne pouvaient pas se décider à abandonner leurs subordonnés. Et d'ailleurs, comment partir quand on est au front ? Comment quitter l'armée en temps de guerre ?

D'autres encore, comme ce jeune médecin militaire, quelque part sur le front de l'est, qui avait dû assister de loin à des abominations et qui confiait ce qu'il avait vu à son petit journal de marche, arrivaient à la triste conclusion du jeune homme : « Je ne doute pas que la révolte devant ces faits est assez générale dans l'armée. Chacun estime odieux le fait que certains profitent de l'héroïsme des soldats du front, pour poursuivre leurs sinistres buts. Mais hélas, ce ne fut pas la flamme de l'humanitas qui jaillit du fond de nos cœurs. Ce poison d'antisémitisme avait déjà fait son œuvre de destruction. La corruption morale après sept ans de règne des

“ autres ” avait déjà fait son chemin, même chez ceux qui l’avaient violemment nié dans leur for intérieur... »

C’est ici que se situe le témoignage de l’un de mes confrères journalistes à Bonn. Wilhelm Lange était chef de peloton dans un régiment de chars de la 116e Panzerdivision qui avait occupé en été 1942 la ville d’Elista, capitale du territoire kalmouk au sud-ouest de Stalingrad, voici son récit : « Un jour nous vîmes arriver dans notre petite ville un commando SS qui se mit immédiatement à la sélection et, peu de temps après, à l’exécution des Juifs de la région.

« Nos soldats purent assister à l’exécution. Celle-ci achevée, ils se rendirent auprès du chef du commando et lui demandèrent l’autorisation de distribuer les chaussures des victimes à leurs auxiliaires russes. Ils n’y virent probablement aucune monstruosité. »

D’autres encore, comme Axel von dem Bussche ou Claus von Stauffenberg, ont cédé à la voix intérieure et ont pris les armes contre le dictateur. Mais ils sont rares et, sur-le-champ, ils sont loin d’avoir fait l’unanimité.

Je n’ai pas vu l’exposition de Hambourg. Dans les récits relatés par la presse, j’ai trouvé une lettre d’un soldat datée du 6 juillet 1941, de Tarnopol. La ville qui fait partie des trois stations de ma vie, où j’ai vu « la grimace ». Le soldat écrit : « La revanche fut immédiate. Hier, nous étions encore cléments, car les camarades de la SS et nous-mêmes nous fusillions tout Juif que nous réussissions à attraper. Aujourd’hui, c’est différent, car on a encore trouvé une soixantaine des nôtres dans une cave, bestialement mutilés. A présent les Juifs doivent les remonter de la cave et les aligner, et ensuite on leur montrera ce qu'ils ont fait, et après en avoir terminé, nous les battrons à mort, avec des piolets et des bêches. »

En lisant cette lettre, je me suis souvenu du récit de mon brave chauffeur d'automitrailleuse, le gars Reiff, qui m'avait rapporté ce détail quelques jours après y avoir assisté : « Les SS les avaient battus à mort, pour épargner leurs munitions. » Les assassins furent-ils tous des SS ?

Au terme de ma réflexion, mon esprit est confus. Comme Klaus von Bismarck, je me sens écartelé entre les fidèles et émouvantes pensées qui vont vers mes camarades de la 9e Panzerdivision qui, tel le colonel Engelbert Bockhoff, ont été « propres » jusqu'au bout, et la lourde certitude que l'armée que j'avais servie avait, au moins dans les unités non combattantes, planifié, soutenu et exécuté une « autre » guerre qui n'avait rien de commun avec la mienne et qui la rangeait aux côtés des pires représentants du régime hitlérien. Il va falloir tirer un trait. Beaucoup, peut-être la majorité parmi mes camarades, n'auraient pas hésité une seconde à suivre avec enthousiasme une poignée de chefs résolus à retourner les armes contre ceux qui avaient bafoué notre honneur, s'ils avaient été mis au courant de l'abus que le régime criminel avait fait de leur confiance. Mais ces chefs-là, il n'y en eut pas au sommet de l'échelle, parce qu'ils étaient prisonniers de leur commandement, de l'engrenage, de l'obéissance et, pour certains, comme Keitel ou Jodl, d'une totale soumission au Führer.

Certes, la déclaration des Alliés, en 1943, excluant toute autre issue que la capitulation sans conditions, n'était pas faite pour encourager les généraux à la révolte. Mais le mal était dans l'Allemagne depuis tant d'années... L'arrivée de Hitler au pouvoir en 1933 impliquait le désastre final.

11

Les racines du mal

Franz Kafka savait. Son coreligionnaire Gustav Meyrink savait. Stefan Zweig, Robert Musil savaient. Dans leurs romans, ces prédicateurs d'entre deux mondes et deux cultures, membres d'un peuple qui comme aucun autre avait souffert de persécutions séculaires, avaient prévu, bien avant l'apparition d'Adolf Hitler, l'avènement du Golem et avec lui d'un siècle où l'humanisme allait faire naufrage...

D'autres, moins dotés de ce don de prophétie, avaient décrit ou peint l'implosion d'un ordre moral qui n'avait de moral que l'apparence, l'emportement d'un ordre social qui avait été miné par une inégalité croissante entre les classes, à l'ombre d'une monarchie qui se voulait paternaliste.

D'autres encore, les philosophes du nihilisme, avaient préparé le terrain, dans une longue lignée allant de Hegel et de Fichte à Rosenberg et Heidegger, en passant par Nietzsche. Leur annonce de l'homme nouveau « aryen », qui remplacerait le vieux Dieu des Juifs et des chrétiens par un nouveau Dieu de la Nature et de la Raison, avait fourni le matériel mental dont se servaient les nazis pour formuler leur idéologie fumeuse.

Des historiens avaient vu dans le nazisme la protubérance pestilentielle de la pourriture sociale du XIXe siècle. Michael Stürmer, jeune historien allemand, rejette, dans son ouvrage *Les Limites du pouvoir* paru en 1992, tous les mythes des nazis et les contre-mythes de leurs détracteurs, et exige une compréhension historique de la catastrophe. Il se demande si les espoirs eschatologiques des êtres humains, le pouvoir totalitaire, la guerre totale et l'extermination massive n'étaient pas immanents dans les illusions métaphysiques des peuples, prêts à faire surface dès que la crise de la société éclate.

Dans la quête des racines du mal, on ne saurait naturellement omettre les causes immédiates, directes : la crise économique, les six millions de chômeurs, l'inflation, la destruction de la classe bourgeoise, le traité de Versailles.

Hitler était-il évitable ? Je ne saurais répondre à cette question d'un point de vue scientifique. Des plumes bien plus illustres n'ont toujours pas trouvé de réponse. Mais je suis tenté, à partir de l'horizon limité d'adolescent qui fut le mien pendant les douze ans du IIIe Reich et du jugement que je me suis fait depuis sur cette époque, de donner une lourde part de responsabilité dans l'avènement de la dictature, à ma propre classe, à mon propre milieu.

J'accuse en effet l'aristocratie allemande et la grande bourgeoisie d'avoir souhaité ou fini par soutenir l'arrivée du national-socialisme en Allemagne. Certes, comme le dit Sébastien Haffner dans son excellent ouvrage *Remarques sur Hitler*, Hitler a craint jusqu'au bout les conservateurs, plus difficilement récupérables que les sociaux-démocrates et les centristes. Mais, pour arriver au pouvoir, il s'est appuyé essentiellement sur eux.

Cette classe sociale n'avait jamais accepté la défaite de l'empire wilhelmien de 1918. Pourvoyeur principal de la caste militaire depuis le Moyen Age, elle s'était identifiée à l'appareil militaro-industriel qui soutenait la monarchie et le grand état-major de l'armée. Pour elle, l'armée n'avait pas été vaincue en campagne, mais elle avait succombé à la révolution intérieure fomentée par la classe ouvrière et ses dirigeants socio-judéo-communistes contre le Kaiser et les possédants.

La gauche était, à ses yeux, synonyme de communisme et de règne du peuple. Choses qu'elle ne saurait jamais accepter. Pour elle, la Révolution française qui avait instauré le pouvoir du peuple était source de tous les maux. Remplacer l'oligarchie par la démocratie ne pouvait conduire qu'à la ruine de tout ordre, de toute stabilité, de toute justice. Faire voter les incultes ne pouvait mener qu'à l'abaissement du niveau du gouvernement, qu'à l'avilissement du pouvoir.

« *Vox populi-vox Rindvieh* » était le slogan qu'elle portait, dédaigneusement, sur les lèvres. Le mot allemand *Rindvieh*, littéralement : bétail, est synonyme d'imbécile. Jusqu'en novembre 1918 avait régné en Prusse, et dans quelques autres États allemands, la loi électorale dite des « trois classes », introduite sous la pression d'un soulèvement populaire par le roi Frédérik-Guillaume IV de Prusse en 1849. Elle avait préservé dans les Parlements du Reich et des États une influence prédominante de la noblesse, sévèrement critiquée par les sociaux-démocrates et l'étranger. Ce n'est qu'en avril 1917, à la lumière d'une guerre qu'on ne pouvait plus gagner, que Guillaume II, le dernier des Kaisers, avait envisagé son abolition, octroyée finalement par la révolution de 1918. La noblesse en avait fait violemment son deuil.

Comment avait-elle pu, dans ces conditions, saluer en 1919 l'installation d'une République en Allemagne ? Une République sous un chancelier et un président sociaux-démocrates qui représentaient pour elle le pire : la révolution, l'abdication du Kaiser, l'abandon devant l'ennemi et l'acceptation du « diktat » de Versailles. A ses yeux, ces hommes politiques de la gauche étaient des collaborateurs, des vassaux des vainqueurs, servilement occupés à accomplir les vœux de ceux-ci, à exécuter péniblement les clauses contraignantes de ce traité honteux. Ils étaient responsables, en fin de compte, d'une inflation qui détruisait en quelques mois son épargne en honorant ponctuellement les traites de la défaite.

Il est vrai que l'aristocratie avait beaucoup à craindre. N'allait-on pas lui prendre ses terres ? En finir, à l'exemple de la Russie, avec la grande propriété terrienne héritée des siècles ? Dieu sait, peut-être brûler les palais comme l'annonçaient les communistes ? La très violente révolution des matelots de Kiel et de Wilhelmshafen en 1918 avait fait long feu et finalement donné le pouvoir aux modérés. Mais le rêve communiste d'instaurer en Allemagne, suivant l'exemple des bolcheviques russes, le pouvoir des conseils d'ouvriers et de paysans était toujours vivace, et la lutte contre « l'ennemi de la classe » farouche.

Des villes comme Munich, Leipzig, Brême ou Essen étaient tombées sous la coupe des rouges, et chacune d'elles avait dû être reprise par des corps francs, dans des combats de rues sanglants. La classe possédante avait tremblé. Elle devait son salut à un social-démocrate, le ministre de la Défense Gustav Noske, fils d'ouvrier, qui avait écrasé la révolte des communistes à Berlin et dans d'autres villes en s'appuyant sur la droite et les commandants des corps francs. Noske fut aussi celui qui accomplit le travail titanesque de réduire l'armée de l'armistice à la portion congrue concédée par les vainqueurs, cent mille hommes armés de fusils et de canons en carton-pâte, donnant ainsi une assise solide, apparemment, à la frêle République.

Mais la droite ne lui en savait pas gré. Elle restait foncièrement hostile à la République, rêvant d'un rétablissement de la monarchie et du règne des oligarques. C'est avec un véritable soulagement qu'elle salua l'arrivée en 1925 du Feldmarechal Paul von Hindenburg à la tête de la république. Il était le glorieux vainqueur des Russes en Prusse orientale en 1914 et le dernier commandant suprême de l'armée impériale en 1918. Avec cet « Ersatz-Kaiser » installé au palais présidentiel de Berlin, à la suite du social-démocrate Friedrich Ebert, un Kaiser néanmoins élu par le peuple selon la Constitution de Weimar, il n'y avait plus rien à craindre. Hindenburg était un homme de leur camp, en dépit de tout le respect que le vieux monsieur (né en 1847) gardait pour la Constitution et pour l'impartialité de sa fonction. Les pleins pouvoirs que lui attribuait l'article 48 de la Constitution empêchaient toute dérive vers une politique contraire aux intérêts de la droite.

Celle-ci ne fit rien pour faciliter l'instauration d'un ordre républicain. Au contraire, elle refusa son accord à une législation plus sociale, plus conforme aux revendications des « masses laborieuses ». C'était particulièrement frappant dans le secteur agraire. Dans le catalogue d'une exposition consacrée à l'histoire millénaire du Land de Mecklembourg et présentée en été 1995 à Güstrow, je lis : « Les partis qui souhaitaient des réformes [dans l'éducation et l'agriculture de ce Land particulièrement pauvre et agraire] se voyaient toujours exposés au refus du camp conservateur... A la suite au putsch de Kapp [une tentative de l'extrême droite de renverser la république en 1920], le SPD avait perdu la moitié de ses électeurs au profit des partis antiparlementaires. Ceux-ci avaient désormais le jeu facile, sous l'impulsion de l'inflation et de la crise agraire, pour imputer les conséquences désastreuses de la guerre perdue aux partis démocratiques. Dans ce climat d'intolérance et d'accusations mutuelles, des réformes furent impossibles... En 1926, les ultraconservateurs et les ennemis de la démocratie s'allièrent en créant une " société des seigneurs du Mecklembourg ". Celle-ci se comportait en club aristo-élitiste, discutait des plans ultraconservateurs et revanchistes et s'approchait des positions du Parti national-socialiste. »

Les auteurs de ce catalogue, édité par un gouvernement présidé par un chrétien-démocrate proche du chancelier Kohl, ne peuvent être soupçonnés de sympathies pour la gauche. Ils ont établi un fait historique qui ne fut pas réservé au seul Land du Mecklembourg. Les gros terriens de l'Est avaient partout défendu leurs propriétés en s'appuyant sur les partis de droite, les Deutsch-Nationalen et les Deutsch-Nationale-Volks-und Freiheitspartei (libéraux de droite). Ils savaient qu'ils avaient en la personne du président von Hindenburg un loyal défenseur de leurs droits. Pour lui, un des principaux soucis était, à la suite de la crise mondiale des années 1929-1930, de ne pas laisser s'effondrer la grosse propriété foncière dans les marches de l'Est, bastion du germanisme face au monde slave.

Ces cercles tendaient de plus en plus l'oreille vers un homme qui avait commencé à monter vertigineusement vers les sommets politiques depuis le milieu des années vingt. Cet homme faisait des promesses mirobolantes : l'éclatement des chaînes de Versailles, le retour de l'Allemagne dans le concert des grandes nations, le réarmement, la mise à la porte des « criminels de Novembre » (ceux qui avaient capitulé en novembre 1918), le remplacement de la République par un gouvernement d'unité nationale, l'instauration d'un ordre autoritaire, le bannissement de la culture juive avilissante. Il garantissait aussi la propriété foncière héréditaire fondée sur le principe du *Blut und Boden*, « du sang et du sol », assurant une paysannerie forte et prospère, créant le « paysan-soldat » qui avait de tout temps fourni le gros de la force armée germanique.

Est-il étonnant que le Mecklembourg fut, à côté du petit Land de Lippe, le seul des Länder allemands où les nationaux-socialistes gagnèrent les élections régionales avant l'arrivée de leur chef au pouvoir à Berlin ? En 1932, année d'une grave crise à l'intérieur du parti entre Hitler et le chef de l'aile gauche Strasser, les partisans du séducteur brun obtinrent la majorité absolue au Landtag de Mecklembourg-Schwerin, la partie septentrionale du Land, balayant le centre et la gauche. « La déception à la suite des promesses non tenues, mais aussi la vive animosité contre la démocratie de Weimar, nourries par une crise économique toujours plus lourde, sont les signes élémentaires du changement de l'opinion en ces années critiques », constate le catalogue de l'exposition.

Les hobereaux terriens n'étaient pas les seuls à mettre leurs espoirs dans le chef des chemises brunes. Ils avaient leurs pairs dans l'industrie, dans la banque et dans la presse de la droite, puissante et fortunée. Ce n'est pas ici l'endroit où retracer les multiples contacts, secrets et semi-secrets, entre Hitler et des représentants de la haute bourgeoisie. Ces messieurs ont donné de l'argent à la SA et à la SS, les deux armées privées du Führer totalement illégales et dirigées contre la République et la démocratie. Ils avaient envisagé, dès la crise de 1930, et par étapes successives, une installation de l'homme au pouvoir, car il dominait la rue et était devenu incontournable. Thyssen, Krupp, Schröder, Kirdorf et Hugenberg, le propriétaire d'un groupe de journaux ultraconservateurs, d'agences de presse et de studios de production de films, tinrent successivement l'étrier dans lequel Hitler n'avait qu'à mettre le pied pour monter au sommet de l'État.

Je sais que tous ces braves gentlemen détestaient, en secret, ce vulgaire parvenu, l'illustre inconnu venu de nulle part, le « caporal bohémien », comme l'appelait Hindenburg, l'homme qui avait tenté un putsch en 1923 et avait ensuite écrit, en prison, un livre programme fleuve tellement fumeux que personne ne le lisait, l'orateur gesticulant qui fascinait les foules. Mais il fallait hurler avec les loups si on voulait garder de l'influence dans les affaires du Reich, il fallait empêcher le pire en s'alliant avec cet homme plutôt qu'avec le redoutable cartel de gauche.

C'est ainsi que fut fondé avec Hitler le « Front d'Harzbourg », en 1931, une alliance entre nationaux-socialistes et partis de droite dirigés par Hugenberg, pour la conquête du pouvoir. Et c'est ainsi que s'installa, deux ans plus tard, le fauve dans la bergerie, après quelques jolis tours de passe-passe effectués entre le conservateur von Papen, le général von Schleicher, ambitieux et aimant tirer les ficelles en coulisse, et le général von Blomberg, ministre des Forces armées, au temps des derniers gouvernements bourgeois présidés par von Papen.

Le tout sous les yeux du vieux maréchal à la tête de l'État qui, lui, se méfiait instinctivement de l'homme qu'on voulait lui imposer, mais qui se résigna en janvier 1933 à l'appeler à la Chancellerie.

Les militaires furent pour ainsi dire les alliés naturels du nouveau chancelier. Comment ne pouvaient-ils pas applaudir à tout ce qu'il faisait ? Moins encore que les conservateurs, ils n'avaient jamais avalé la défaite, la mise à l'écart de leur caste, l'humiliation du traité de Versailles. Celui qui promettait d'abolir la défaite et ses conséquences ne pouvait être que leur homme. Ils lui avaient déjà, clandestinement, ouvert les casernes pour qu'il puisse parler aux soldats, en rupture avec la neutralité politique officiellement affichée par la Reichswehr. Une compagnie d'un régiment d'infanterie stationné à Munich avait refusé, le 9 novembre 1923, de tirer sur les putschistes hitlériens qui tentaient, sous la conduite de leur chef, de renverser le gouvernement légal de la Bavière. Elle avait dû être remplacée par un contingent de la police. La compagnie était sous les ordres du capitaine Eduard Dietl, futur vainqueur de Narvick. Dietl et Hitler resteront amis pour la vie. Une caserne de la Bundeswehr porte d'ailleurs toujours le nom du Generaloberst.

Schleicher et Blomberg ont systématiquement travaillé à l'avènement de Hitler. Comme d'autres militaires dans d'autres pays qui n'avaient pas voulu s'incliner devant une défaite et qui pleuraient la perte d'une province arrachée à la patrie, ils ruminaient la revanche. Élevés dans la tradition prussienne et antidémocratique, éloignés de la politique pratiquée par des partis abhorrés, ils visaient un horizon lointain et se croyaient les gardiens de la grandeur du Reich impérial défunt. Or, Hitler promettait de rétablir une armée de conscription, de réarmer l'Allemagne et de récupérer les terres perdues en 1918.

Jaloux de leurs prérogatives, ils ne posaient qu'une seule condition à leur allié : que l'armée devînt dans le nouveau Reich un des piliers de l'État, égale en droit et en devoirs à l'autre pilier, le Parti national-socialiste. Hitler accepta. Le pacte dura jusqu'au 10 août 1934, le jour où le chef du Parti national-socialiste devint, après le décès de Hindenburg, Führer du Reich et commandant suprême de la Wehrmacht, intégrant du même coup la force armée dans son système de pouvoir totalitaire.

D'alliés, ils étaient devenus des subordonnés, totalement livrés à la volonté du Führer. Mais des subordonnés consentants. Peu de jours après son avènement au pouvoir, Hitler avait réuni à la Chancellerie les plus hauts représentants de la Reichswehr pour leur parler de ses plans de récupération des territoires de l'Est et de conquête d'espace vital au-delà des anciennes frontières du Reich. Il avait déclaré la « destruction du socialisme » un de ses buts prioritaires. Y avait-il eu alors une réaction désapprobatrice ? Non, Blomberg, Fritsch, Reichenau et Brauchitsch se déclarèrent ravis.

Des historiens allemands ont établi que c'était la Reichswehr, plus tard devenue la Wehrmacht, qui avait poussé un Hitler plutôt hésitant à sortir l'Allemagne de la Société des Nations, à résilier les accords de Genève sur le désarmement. Cette alliance entre Hitler et les militaires a tenu jusqu'au bout, mais c'était une alliance inégale dès le début, entre un chef tout-puissant et un corps de généraux complètement soumis à sa volonté.

J'accuse donc aristocrates, hobereaux, barons industriels et banquiers, militaires enfin, non seulement de n'avoir rien fait pour sauver la première république allemande du naufrage, mais d'avoir tout fait pour précipiter sa fin et installer à sa place la pire dictature que l'Allemagne ait jamais connue. Aucune main ne s'est levée au lendemain de l'incendie du Reichstag en février 1933, lorsque Hitler prit sa revanche sur la gauche qui s'était dressée, sous la conduite de courageux ministres sociaux-démocrates en Prusse et dans le Reich, contre la marée brune, en faisant arrêter tous les sociaux-démocrates et les communistes. Aucune main ne s'est levée non plus contre l'arrestation un peu plus tard des députés du centre et de la droite modérée, donc de leurs alliés naturels.

Imaginons un instant qu'un fait de ce genre ait eu lieu en Angleterre ou en France. L'opposition dans sa totalité arrêtée et jetée en prison, en l'espace d'une nuit, par les membres d'une milice privée. Mis à part le fait qu'une telle milice n'aurait jamais pu voir le jour dans une de ces deux vieilles démocraties, la presse, l'opinion publique, les Églises auraient fait un tollé pour forcer les responsables à revenir sur leurs actes.

Non, aucune main ne s'est levée en Allemagne. Sinon pour applaudir, peut-être pas publiquement, mais en privé, à la « clarification de la situation ». Car la « destruction du socialisme » faisait plaisir à beaucoup de monde, ne serait-ce qu'à la grande bourgeoisie dont on a dit plus tard qu'elle était opposée à un national-socialisme trop national-bolchevique, trop égalitaire.

Dans ce pays qui n'avait aucune fibre républicaine, où la fragile démocratie, plantée par quelques audacieux sur les décombres de la monarchie, n'avait jamais vu le soleil, un dictateur avait vraiment le jeu facile. Même le peuple n'avait jamais été touché par le souffle républicain qui avait balayé l'ordre ancien en France et en Angleterre. Non, la république de Weimar n'avait pas d'amis. Elle n'avait aucune chance.

Et pourtant. Elle n'était pas si mauvaise que cela. Sa Constitution n'avait qu'un tort : elle donnait trop de pouvoir au président de la République. Comme si les pères constituants de Weimar avaient eu le souci de ne pas rompre trop brutalement avec les habitudes autoritaires du régime défunt. On ne peut reprocher ni à Friedrich Ebert, ni à Paul von Hindenburg d'en avoir abusé. Mais ce dernier avait utilisé l'article 48 vers la fin de son mandat, chaque fois que le moteur de la démocratie au Parlement avait des ratés, et il y en eut beaucoup au fur et à mesure que survinrent les crises. Hindenburg, enfant du XIXe siècle, fils de la caste militaro-aristocrate hanovrienne, allié naturel des Junkers de l'Est, tranchait souvent en faveur de ces derniers.

La seule fois où il aurait dû jeter tout le poids de sa fonction et de sa haute autorité morale dans la balance, il ne l'a pas fait. C'était le jour où ses amis de la droite le poussèrent à hisser Hitler sur le fauteuil de chancelier. Le vieux maréchal était trop faible et il était devenu le jouet de ceux qui attendaient le salut de l'Allemagne des mains d'un caporal bohémien.

La république de Weimar avait d'autres mérites. Elle avait levé, patiemment, savamment, morceau après morceau, à Rapallo, à Locarno, à Genève, à Paris et à Londres, les contraintes du traité de Versailles. Elle avait rétabli des relations convenables, fondées sur la confiance mutuelle, avec les puissances victorieuses. Le problème des réparations avait été résolu par le jeu balancé des plans monétaires successifs. L'Allemagne était devenue membre fondateur de la Société des Nations, prédécesseur de l'ONU. La France avait assouvi sa haine contre le voleur de l'Alsace-Lorraine. Elle ne demandait plus la « frontière du Rhin » et se contentait d'une démilitarisation de la rive gauche du fleuve. A partir de 1930, plus aucun soldat allié n'était stationné sur le sol allemand. L'Europe était en paix. Elle était en paix, mais l'œil rivé sur l'homme à la croix gammée dont la voix rauque glaçait le sang des uns mais magnétisait celui des autres, de beaucoup d'autres.

On sentait que tout cela, tout ce travail et tous ces résultats, patiemment accumulés par les démocrates des deux bords, ne suffisaient pas à cet homme. Pour lui, ce n'était pas une paix dans l'honneur, mais une paix dans la honte. Donc une paix insupportable. L'humiliation de Versailles n'était pas réparée. L'Allemagne était toujours, à ses yeux, le paria parmi les nations. Tant que le paysan et l'ouvrier allemand ne pouvaient pas porter les armes, tant que les canons en carton-pâte et les tanks sur roues de bicyclettes ne seraient pas remplacés par de vrais canons et de vrais chars de combat, aucune paix n'était acceptable. Hitler ne se lassait pas de le répéter. A Paris et à Londres, on le prenait pour un bluffeur. Mais le bluffeur une fois au pouvoir, on commença à composer. Il fallait le calmer.

Et le Führer sentit très vite que ses adversaires extérieurs avaient le cœur aussi peu accroché que ses adversaires intérieurs. Ceux-ci se trouvèrent désormais derrière les grilles des premiers camps de concentration, créés par Göring, l'as de l'aviation, promu commissaire de l'Intérieur du Reich et de la Prusse, chargé, avec Himmler, le chef des SS, de veiller à ce que le Führer ait les mains libres.

L'Histoire n'a pas oublié les coups de poker que ce magicien du pouvoir accumula devant une Europe stupéfaite. Remilitarisation, occupation de la rive gauche du Rhin, Anschluss d'Autriche, libération des Sudètes, annexion de la Tchéquie, libération des Allemands du Niémen. Versailles révisé, Versailles annulé. Et les spectacles grandioses de Nuremberg, ville de Hans Sachs et des maîtres chanteurs. Le délire de tout un peuple devant cette avalanche de succès extérieurs, sans qu'un seul coup de fusil ne soit tiré. Qui aurait pu oser s'opposer à cet homme visiblement touché par la grâce ?

Ceux qui l'avaient aidé à se mettre en selle n'en croyaient pas leurs yeux. Tout se passait pour le mieux dans le meilleur des mondes. Certes, il y avait eu quelques accrocs. Parmi les disparus, il y avait parfois des amis. Les camps de concentration — personne ne savait au juste ce que cela signifiait — étaient une réalité, ils avaient un parfum de totalitarisme, de bolchevisme brun. Mais, comme le dit un vieux dicton allemand, là où l'on rabote tombent les copeaux. Il fallait bien nettoyer les écuries d'Augias laissées par les Weimariens.

La nuit des Longs Couteaux en juin 1934 avait fait un peu mal. Hitler avait cette fois exagéré en sacrifiant les SA, sa garde originelle, et en en profitant pour supprimer quelques membres du sérail, tel le général von Schleicher, un de ses premiers alliés dans l'armée, ou les deux hauts fonctionnaires Jung et Bose attachés au cabinet du vice-chancelier von Papen. D'un autre côté, les généraux étaient satisfaits par la mise au pas des SA, de cette détestable armée parallèle qui s'était permis de se hisser au même rang que la Wehrmacht. Ils s'étaient abandonnés de ce fait aux mains de quelqu'un qui n'avait pas pour habitude d'oublier une dette ou une créance. La plupart de ces chefs ne s'en aperçurent que beaucoup plus tard.

On applaudit donc, et on ne s'arrêta pas là. Beaucoup rejoignirent les rangs des nouveaux seigneurs. Les nobles qui revêtirent la tenue brune des SA, voire noire des SS, ne furent pas rares. Ils n'avaient qu'à suivre l'exemple de leurs princes. August-Wilhelm, fils du Kaiser, le Landgrave de Hesse, le prince Waldeck-Purmont, le prince de Lippe, le prince de Biron, devinrent membres du parti et s'affichèrent en chemise brune, se montrèrent aux côtés de Hitler et de Himmler à l'occasion des grandes messes nazies. La SS, particulièrement, attirait beaucoup de monde.

L'aura d'élitisme, d'abnégation, de pureté et de fidélité qui entourait ces hommes à l'impeccable tenue noire correspondait à l'image que beaucoup de membres de l'ancienne élite se faisaient du service du monarque. Les soldats de Himmler étaient les nouveaux chevaliers. Le mystère derrière lequel ils évoluaient, le secret de leurs écoles d'officiers, la beauté de leur devise « mon honneur s'appelle fidélité », faisaient d'eux un corps à part intouchable et privilégié. On les disait gardiens du Graal, des mythes sacro-saints des anciens Germains. Derrière le mur de leurs rangs serrés se cachait un monde auquel seuls les initiés avaient accès. Ce n'est qu'en 1945, lorsque le crépuscule des Dieux eut emporté dans son torrent les monastères de l'« ordre noir », que le voile fut levé, révélant des montagnes de cadavres.

Il y en eut tout de même qui n'applaudirent pas. Qui préférèrent rester à l'écart et attendre l'évolution, qui ressentirent des frissons de crainte chaque fois que Hitler occupa un pays. Ils furent en minorité. Comme il n'y avait pas de réaction énergique de la part des Occidentaux qui étaient censés être les gardiens de l'inviolabilité des traités de 1918, ils se résignèrent. Ce diable de Hitler avait la baraka, tout lui réussissait. Comment lui opposer la raison, le bon sens, le droit des gens, les traités internationaux ?

Certes, une poignée de généraux manifesta son inquiétude, tel le chef d'état-major Ludwig Beck, un homme pondéré qui mit en garde Hitler, lui conseillant de ne pas aller trop loin, d'attendre au moins que la Wehrmacht soit prête à affronter les armées ennemies. Cependant, même un Beck, plus tard pris dans le putsch de Stauffenberg et achevé, sur son bureau de la Bendlerstrasse à Berlin, par un Feldwebel après avoir raté son suicide, était favorable au réarmement, à une guerre de conquête d'espace à l'est qui incluait une partie de la Pologne. Selon l'historien allemand Manfred Messerschmidt, cité dans *Die Zeit*, Beck avait parlé du 30 janvier 1933, jour de l'instauration de Hitler à la Chancellerie, comme du « plus beau jour depuis 1918 ». Et son collègue Generaloberst Werner Baron von Fritsch, expulsé de la Wehrmacht par Hitler en 1938 à la suite d'accusations calomnieuses, avait déclaré, toujours selon Messerschmidt, « l'idéologie nationale-socialiste est l'idée directrice de toute la pensée allemande, une idée qui devrait naturellement être aussi celle du soldat ».

Combien regrettèrent leur adhésion au régime une fois que le sort de la guerre se fut retourné contre l'Allemagne ? Fritsch avait cherché la mort sur le front de Pologne en septembre 1939, après avoir subi un traitement déshonorant par ceux qu'il avait soutenus. Beck, on l'a dit, se tira une balle dans la tête en 1944, Stauffenberg posa la bombe du 20 juillet 1944, le maréchal von Kluge, bien qu'il n'ait pas franchement adhéré à la conspiration, redouta d'en être soupçonné et préféra se suicider. Le maréchal Rommel s'empoisonna sur l'ordre de Hitler. Hoeppner, commandant d'un corps d'armée sur le front de l'est, complota contre le Führer après avoir été relevé de son commandement. Tous ces hommes réagirent par dégoût, par déception, par amour d'une patrie que Hitler avait livrée à sa perte. Mais tous furent enthousiastes au début. Et certains le restèrent jusqu'au bout, même après le 20 juillet 1944 et l'hécatombe parmi les officiers du putsch. Certes, beaucoup étaient devenus discrètement hostiles à Hitler, ils le critiquaient en petit comité devant leurs homologues. Il était devenu chic d'être antinazi, dans les salons de Berlin, après les premiers revers, et même de comploter un peu en recevant des gens dont on savait qu'ils étaient « de l'autre bord ». Mais leur « résistance » s'arrêtait là. C'était une résistance verbale tout juste bonne à calmer la conscience.

L'Anglaise Christabel Bielenberg, après avoir épousé un avocat hambourgeois dans les années trente, vécut toute la guerre parmi les Allemands, à Berlin et en province. Cette petite-fille du magnat anglais de la presse, lord Rothermere, écrit dans ses *Mémoires* parus après la guerre en Angleterre et en Allemagne : « Les Allemands n'ont certes pas lynché les pilotes alliés qui, nuit après nuit, les envoyaient délibérément à la mort. Je n'ai jamais entendu un cri d'allégresse lorsqu'un bombardier allié était descendu. Mais ils n'ont pas eu non plus de sursaut, ni crié leur révolte devant les choses qui se passaient en leur nom... Après onze ans de régime national-socialiste, il me semblait que les Allemands étaient devenus une masse ignare, démoralisée, indolente, et je ne pouvais qu'être reconnaissante envers le petit nombre de mes amis intimes qui étaient restés fidèles à leurs principes... »

Le petit nombre. Lorsque Christabel écrivit ces lignes, la guerre était déjà perdue. Mais les maréchaux, les généraux, ceux qui avaient dans leurs mains le sort de millions de soldats allemands, et avec eux le sort de millions d'autres Allemands, de millions de prisonniers, de malheureux qui attendaient dans leurs geôles le jour de la délivrance, n'ont pas agi. Ils n'ont pas tenté d'arrêter la guerre en remettant leur démission, comme l'avaient fait avec courage et sens de la mesure leurs prédécesseurs, Hindenburg et Ludendorff, lorsque, en octobre 1918, la guerre à l'ouest était perdue. Ils n'en n'ont pas eu le courage. Ils n'avaient pas non plus protesté lorsque, sur leurs arrières en Russie, on avait commis des actes qu'aucun code de la guerre ou code d'honneur n'admettait. Ces maréchaux et ces généraux étaient pourtant des gens bien élevés, d'un quotient intellectuel supérieur, aristocrates pour la plupart, chrétiens de l'espèce la plus puritaine, parce que protestants prussiens. Leur conscience n'a-t-elle jamais résonné ?

Après la guerre, devant les tribunaux des vainqueurs, ils ont déclaré qu'on ne pouvait pas abandonner des hommes dont on avait le destin entre les mains, que, surtout, on ne pouvait pas livrer l'Allemagne à la soldatesque soviétique. Soit, mais la guerre était perdue, archiperdue, et chaque jour de plus augmentait vertigineusement les pertes au front, les morts dans les villes bombardées, le nombre d'assassinats dans les camps.

Voyons quel était l'état d'esprit des chefs militaires à la fin de la guerre, au moment où l'Armée rouge déclencha sa dernière offensive sur Berlin. Nous avons trouvé ces textes dans les documents qui furent montrés à l'exposition mentionnée plus haut. Les chefs savaient, naturellement, que tout était perdu. Mais Hitler tenait toujours, dans son Bunker, à Berlin. Son plus fidèle compagnon, Himmler, commandait le « Heeresgruppe Weichsel », le groupe d'armées Vistule, chargé de la défense de Berlin. Depuis l'attentat contre Hitler, « des *Nationalsozialistische Führungsoffiziere* », des officiers responsables de la conduite nationale-socialiste dans les unités de la Wehrmacht, surveillaient, tels des *politruks* soviétiques, les attitudes de tous les autres officiers. Un de leurs ukases adressés sans cesse à la troupe dit :

« Persévérance et détermination, rage et haine, défi et fanatisme, confiance inconditionnelle dans le Führer, et la foi dans sa propre force sont sans cesse à stimuler et à renforcer dans les unités... La décision dans cette guerre interviendra dans le domaine spirituel et idéologique, et pas seulement dans celui de la politique et de la stratégie. L'Allemagne a besoin de soldats politisés. Chacun de nous doit être un propagandiste du Führer. »

Quant à la fanatisation, voici l'ordre du jour de

Himmler à ses troupes le 15 avril 1945, à la veille de l'offensive soviétique :

« Allumez dans vos cœurs la rage de vaincre et la haine de la bête bolchevique. Élevez vos hommes dans cette haine. Que jaillisse de cette haine la sacrée fureur allemande qui ne laisse au bolchevique que le choix entre la soumission et la mort, la mort du chien qu'on abat. »

Himmler et les siens savaient qu'ils n'avaient plus que quelques jours à vivre. Que le châtiment des vainqueurs allait s'abattre sur eux. Mais ils voulaient entraîner avec eux dans la mort le peuple allemand tout entier. Hitler n'avait-il pas dit déjà en automne 1941, lorsque les premiers doutes sur l'issue de l'aventure ont dû hanter son esprit : « Si le peuple allemand se montre un jour trop faible et trop irrésolu au sacrifice, s'il ne veut plus verser son sang pour son existence, il n'a qu'à disparaître et laisser sa place à un autre peuple plus fort que lui. Moi, je ne verserai pas une larme sur son sort. » Et l'Autrichien d'ajouter, quelques jours avant sa mort : « L'avenir appartient aux peuples plus forts, plus résolus de l'Est. Ce qui restera en Allemagne après cette guerre sera insignifiant. Les meilleurs sont tombés. »

Partis en fumée les rêves des grands espaces, de la germanisation de l'Est, de l'éradication de la race slave et de sa subordination à la volonté des nouveaux chevaliers Teutoniques. Partis en fumée le Reich millénaire, les villes à l'architecture triomphante, la nouvelle Rome. Parti en fumée le partage du monde entre les Germains maîtres de l'Eurasie et les Britanniques seigneurs des mers. L'instrument de la conquête, un merveilleux instrument, peut-être le meilleur du monde, s'était cassé entre les mains du thaumaturge. L'armée du IIIe Reich, à l'inverse de celle de son prédécesseur, le Reich impérial, s'était brisée en mille morceaux.

Hitler avait cependant presque accompli un autre de ses rêves, la destruction de la race juive en Europe. Sébastien Haffner, dans son ouvrage *Remarques sur Hitler*, a défendu la thèse que le dictateur a poursuivi là son plan essentiel, fondamental, et que s'il avait continué la guerre jusqu'au-delà de toute raison et de tout espoir de la gagner, c'était parce qu'il voulait absolument en finir avec le problème juif. Si on lit dans les Mémoires de Rudolf Höss, commandant d'Auschwitz, avec quel acharnement on lui envoyait, vers la fin 1944, encore plus de trains et encore plus de victimes, si on réalise que la partie sud du front de l'est, derrière laquelle se trouvaient la plupart des camps d'extermination, fut particulièrement longtemps tenue, on est enclin à accepter cette thèse.

Mais comment cela a-t-il été possible ? En Allemagne, au milieu du XXe siècle ? Je n'hésite pas à porter ici la deuxième accusation grave, très grave, contre mon propre milieu.

Si Hitler a pu condamner, et en premier lieu dans son livre *Mein Kampf*, puis singulariser (dans les lois de Nuremberg), enfin isoler (en les obligeant à porter l'étoile jaune), arrêter, déporter et finalement assassiner les Juifs, c'est que personne, je dis bien personne, ne l'en a empêché. On n'a même jamais protesté. Les faibles protestations des Églises, prononcées par des évêques courageux, certes, mais en minorité, n'ont sûrement pas impressionné Hitler. Elles étaient plutôt faites pour l'encourager. Car le dictateur voyait bien que, à quelques exceptions près, le peuple entier était derrière lui. Il n'y a pas eu ce moindre « cri de révolte » dont l'Anglaise Christabel Bielenberg regrettait l'absence, même pas le moindre examen de conscience.

Pourquoi ? Parce que l'antisémitisme était largement répandu dans la société allemande. Il ne l'était probablement pas plus que dans d'autres sociétés européennes. L'histoire des Juifs se confond avec l'histoire de l'antisémitisme. Le sentiment que le Juif ne peut pas faire partie d'un peuple hôte, l'image de « l'éternel Juif errant », une accumulation de sentiments et de perceptions négatives ont formé au cours des siècles un fonds d'hostilité facilement exploitable par un chef, un monarque, un religieux fanatique.

Dois-je parler de mon Église ? Dans notre petite ville de Wittlich, il y avait, au début des années trente, une petite communauté de quatre cents Juifs. Lorsqu'ils furent déportés, après avoir été humiliés, persécutés et privés de tous leurs droits civiques, au début des années quarante, je n'ai pas entendu un seul mot de protestation ou de regret des autorités ecclésiastiques. Une protestation publique, en chaire, aurait probablement été fatale à celui qui l'aurait prononcée. Il est vrai que l'Église catholique allemande était dans le collimateur du parti nazi. Le pape Pie XI, dans sa fameuse encyclique « *Mit Brennender Sorge* », n'avait-il pas condamné le national-socialisme ?

La terreur exercée par le parti nazi était déjà grande.

Mais ai-je entendu un mot de regret de la part d'un prêtre en privé ? Dans mon collège de jésuites, à Bad Godesberg, on ne parlait jamais des Juifs. C'était simple, ils n'existaient pas. Lorsque, en 1939, les pères qui nous élevaient ont dû eux-mêmes plier bagage et laisser leur collège aux nazis, je n'ai pas entendu, dans l'énumération de leurs griefs contre le régime lors de nos visites d'adieu, une seule mention de la persécution des Juifs. A regarder de près, des prélats comme Galen (Münster) ou Preysing (Berlin) n'ont jamais prononcé le terme « Juif » lorsqu'ils fustigeaient les persécutions du régime. Ils s'en tenaient à l'expression anodine : « Nos frères d'une autre confession ». Par contre, ils avaient applaudi les lois raciales des nazis de 1935, et, dans une description du bolchevisme par Galen, nous trouvons ces mots : Le bolchevisme est du despotisme d'État asiatique, pratiquement au service d'un groupe de terroristes menés par des Juifs. »

Le manquement ou, plus exactement, l'excès de prudence de l'Église dans la défense du peuple élu ne fut pas le seul alibi de la société allemande pour se murer dans le silence. La noblesse allemande elle-même était issue d'une longue tradition d'antisémitisme. Le fait qu'un grand nombre d'aristocrates s'étaient mariés avec des Juifs et des Juives pour redorer leur blason pâli l'avait probablement stimulée. En tout cas, « cela se savait » et fut enregistré avec un humour assassin. On se passait en secret un « Gotha parallèle ». Il énumérait les familles qui avaient péché par ce faux pas. Les Juifs émancipés et assimilés étaient reçus naturellement dans les salons berlinois, mais on ne manquait pas de se moquer d'eux dès qu'ils avaient tourné les talons. Ils furent et restèrent des « exclus ».

Est-il étonnant que, dans une telle disposition d'esprit vis-à-vis d'eux, les protestations furent absentes lorsqu'on commença à les persécuter ? Il y eut des exceptions. Beaucoup d'aristocrates ont aidé un Juif, une famille juive à se cacher, à émigrer. En avril 1945, mon frère aîné a pu libérer deux Juifs, amis d'un parent, d'un camp de concentration près de Hambourg en y pénétrant en uniforme de major de Panzers et en arborant sa croix de Fer de chevalier avec feuilles de chêne. Aucun SS n'avait osé l'arrêter. Il leur avait fait mettre un manteau d'officier de la Wehrmacht et avait ainsi pu passer le poste de garde sans être contrôlé. Les autres prisonniers périrent quelques jours plus tard, lorsque le bateau sur lequel on les avait entassés fut coulé par un bombardier britannique dans la baie de Lübeck.

Mais ce n'étaient que des actions isolées, parfois courageuses, toujours dangereuses. La masse des Allemands ne réagit pas contre l'arrestation des Juifs. Je prétends que l'antisémitisme était proportionnellement plus virulent dans les « hautes sphères » que dans le peuple. Si ces hautes sphères avaient donné le signal, en protestant par exemple contre les lois antijuives de Nuremberg (en 1935, la presse de droite avait gardé une certaine indépendance), le peuple aurait peut-être réagi et fait savoir qu'une telle mesure d'exclusion était inacceptable. Lors de la célèbre « nuit de Cristal », en 1938, pendant laquelle des hordes de SA déchaînés, commandées par le ministre de la Propagande Goebbels, mirent le feu aux synagogues et démolirent les magasins juifs, il ne s'est pas trouvé un seul Allemand pour défendre ouvertement les victimes. Les témoins étaient ahuris et protestaient sans doute en privé, mais ils étaient aussi terrorisés que les victimes elles-mêmes par la violence des brutes hitlériennes, et personne n'osa critiquer les faits publiquement.

1938 fut la césure. Avant, une réaction énergique aurait encore été possible. Après, le destin suivrait irrémédiablement son cours.

Pour arrêter le bras du dictateur, les militaires restaient les bras croisés. Dans l'ancienne armée d'avant 1918, l'antisémitisme, surtout dans les régiments de garde, n'était pas moins répandu que dans d'autres armées européennes. Les Juifs n'étaient point admis dans les régiments nobles. Leur commandeur suprême, Guillaume II, était connu pour son attitude plus que réservée envers le judaïsme. Des historiens anglais, toujours fascinés par la personnalité du petit-fils de la reine Victoria, nous l'ont révélé il y a quelques années. Le Kaiser, dans sa correspondance privée ou dans ses entretiens avec les officiers de son entourage, après un dîner bien arrosé, comparait les Juifs à des « cafards qu'il fallait éliminer, au mieux par le gaz ». Au Kronprinz

Guillaume, il recommandait une grande retenue pour ne pas attirer trop d'ennemis au Reich. Son successeur présumé avait en effet demandé publiquement en 1912 l'expulsion totale de tous les Juifs du Reich.

L'antisémitisme régnait donc du haut en bas de la classe qui détenait le pouvoir en Allemagne, conçu dans la monarchie postfrédérichienne et perpétué dans la noblesse et dans la caste militaire.

Hitler n'était-il pas l'exécuteur « final » d'une volonté largement répandue ? Gavé de lecture antisémite lors de sa traversée du désert, dans sa prime jeunesse, sachant, depuis la conquête du pouvoir, que sa haine contre le judaïsme était largement partagée, il n'avait plus qu'à suivre la pente.

Des officiers de la Reichswehr avaient assassiné en 1919 les socialistes révolutionnaires, Rosa Luxemburg et Karl Liebknecht, fondateurs du premier Parti communiste allemand, tous les deux juifs et suspectés d'être des agents à la solde de Moscou. En 1916 déjà, on avait organisé, dans les unités du front, des comptages de Juifs pour « savoir combien il y avait de planqués israélites à l'étape ». La plus grande organisation de vétérans après 1919, le *Stahlhelm* (« casque d'acier »), n'admettait pas de Juifs dans ses rangs (un paragraphe de son règlement interdisait expressément l'acceptation de « non-Aryens »). Dès 1934, tous les Juifs furent expulsés de la Reichswehr, transformée un an plus tard en Wehrmacht.

Les commandants de division, de régiment et de bataillon qui exécutaient cet ordre étaient les futurs généraux supérieurs qui adressaient les directives que j'ai citées plus haut à leurs soldats prêts à l'assaut de la Russie. Ils étaient, comment dirais-je, quasi enfermés dans une haine ancestrale du Juif. Une haine venue de loin, qui les rendait aveugles à tout humanisme, tout amour chrétien pour le prochain, une haine qui ne reconnaissait plus dans l'autre les traits d'un homme, une aversion qui abaissait le Juif au niveau d'un insecte à éliminer, « au mieux par le gaz ».

Quel horrible déracinement, quel oubli de la religion enseignée, de l'humanisme prêché à l'école des traditions ancestrales. Comment des hommes qui avaient donné, du haut de leurs fonctions et de leur autorité, de tels ordres auraient-ils pu protester lorsque ceux-ci furent exécutés ?

L'Holocauste est entré dans l'Histoire. Il n'a pas perdu sa singularité en dépit des efforts de ceux qui voudraient le minimiser ou le ranger au niveau des autres grands massacres qui jalonnent l'histoire du monde. Parmi tous les ouvrages qui lui sont consacrés, j'ai été personnellement marqué par le témoignage de Meir Lewenstein, Juif de Riga qui a survécu à la Shoah et qui a donné comme titre à son livre bouleversant la phrase que l'un de ses tortionnaires lui a jetée, un jour, à la figure : « Tu ne dois pas vivre, tu dois crever » ! Je recommande aussi l'émouvante petite brochure — *Israël, mon peuple* — de sœur Basilea Schlink, une religieuse protestante allemande qui a fondé en 1947 la congrégation des sœurs de Marie. C'est l'histoire des persécutions des Juifs par les chrétiens à travers les siècles.

Le monde s'est étonné de certaines réactions du peuple allemand depuis la fin de la guerre en 1945. Le pacifisme des « sans moi », l'horreur de revêtir un uniforme, l'hésitation de la nation réunifiée à engager les forces armées allemandes dans des opérations de pacification où elles seraient obligées de faire usage de leurs armes. Il faut pourtant les comprendre. Les Allemands ont compris. Ils ont fait, comme le dit Jorge Semprun dans son livre *L'Écriture ou la vie*, leur « travail de deuil », mieux que les autres. Trois générations ont appris à vivre avec ce que leurs ancêtres ont fait entre 1933 et 1945. Plus jamais cela ! Plus jamais ! Voilà la seule réaction possible.

Même ceux qui ne veulent pas tout admettre, surtout pas une quelconque culpabilité de l'armée devant les crimes du Reich millénaire, unissent leurs voix à ce chœur. Ils se désolidarisent de leurs chefs d'hier et se planquent dans la camaraderie du front, si propre, si émouvante, si inoubliable, ils se désolidarisent de ces supérieurs qui avaient prêté main-forte à ceux qui, au nom de la pureté de la race germanique, avaient installé un morceau de l'enfer sur cette terre, à ceux qui avaient autorisé que les instincts les plus sadiques puissent se déchaîner sans aucun frein, sans crainte d'être poursuivi devant un quelconque tribunal.

Il faut comprendre les Allemands. Plus jamais cela. La Bundeswehr, la nouvelle armée allemande appelée à l'existence par la volonté des adversaires de jadis et non pas par la volonté du peuple, a dû prendre ses distances vis-à-vis de ce passé. Elle l'a fait. Elle n'a pas toujours eu la vie facile avec la tradition, comme je l'ai décrit précédemment.

Il fallait bien trouver un équilibre entre un passé condamnable dans sa totalité et ce qu'on pouvait à la rigueur en garder pour le transmettre à la jeune génération. Les valeurs militaires sont éternelles et invariables. Elles furent respectées mille fois dans les rangs de la Wehrmacht. Elles doivent être la base de toute armée démocratique. Mais où est la frontière entre devoir, obéissance et crime ? Quand elle est claire, elle est respectée partout. Le fut-elle dans les guerres que d'autres armées ont conduites depuis 1945 ?

Le commandement de la Bundeswehr a tranché. Dans une directive du ministre de la Défense il est dit : « La Wehrmacht faisant partie d'un régime injuste ne peut pas transmettre une tradition. » Dans un article publié à l'occasion de l'exposition sur les crimes de la Wehrmacht, Klaus Naumann, ancien inspecteur général de la Bundeswehr, a écrit : « La Bundeswehr est bâtie sur les valeurs démocratiques de notre loi fondamentale et les traditions européennes de la liberté, du droit et de la dignité humaine. Toute sa tradition est contenue dans ce cadre. Un tel cadre laisse la place au respect des valeurs exemplaires et des exploits de toutes les époques de l'histoire militaire allemande... En quarante ans, la Bundeswehr a développé sa propre tradition, fondée sur son intégration dans un État démocratiquement légitimé. Cette identification est le fil conducteur de notre service... Le 20 juillet [jour de l'attentat de Stauffenberg] nous est un legs précieux. Il nous rappelle notre devoir d'agir de manière responsable. La révolte contre le régime national-socialiste nous montre la limite à ne pas dépasser, entre la politique et la conscience... »

Le devoir, loi suprême des armées, doit avoir pour garde-fou la responsabilité devant Dieu et les hommes. Dans ses écrits sur les mystères, le philosophe syrien Khalil Gibran écrit à propos du devoir, celui qui aurait dû inspirer les généraux de la Wehrmacht au moment où ils se rangeaient derrière un homme dont ils savaient qu'il était décidé à une guerre d'agression :

« Quel est ce devoir qui sépare les amants et qui rend les femmes veuves ? Qui rend orphelins les enfants ? Quel est cet amour de la patrie qui génère les guerres et détruit les royaumes pour des peccadilles ? Quelle raison d'État est à la mesure de la valeur d'une vie ? [...] Si le devoir détruit la paix entre les peuples, et si l'amour de la patrie prive la vie humaine de la quiétude, nous devrions nous exclamer : “ Que la paix soit avec le devoir, et avec l'amour de la patrie ! ” »

12

Le pardon des offenses

Le dimanche 7 mai 1995, un étrange cortège parcourait les rues de la ville de Munich. A sa tête marchaient un pasteur protestant, un évêque catholique et un aristocrate luthérien. Les hommes portaient de curieux objets dans leurs bras. Un flacon de vin, une miche de pain et du sel. Un quatrième marcheur, représentant de la communauté israélite de la ville, arborait une plaquette montrant une colombe blanche sur fond de brindilles vertes.

C'étaient des objets lourds de signification séculaire. Vin, pain et sel sont des signes bibliques de la réconciliation. La colombe est celui de la paix et de l'espérance, de l'espérance qu'elle rendît à Noé son arche.

Ce n'était pas un cortège bien impressionnant, sept cents, peut-être mille hommes et femmes. Les gens marchaient en silence, quelques-uns murmuraient une prière. On venait du parvis de l'église Saint-Mathieu et l'on se dirigeait vers la place de l'Odéon, au centre de la ville. Pendant la dictature, cette place avait été transformée en un sanctuaire du mouvement nazi. Devant le monument érigé à la gloire de deux maréchaux bavarois, Hitler et sa petite troupe de fidèles avaient été pris sous le feu de la police locale lorsque, le 9 novembre 1923, ils voulurent renverser le gouvernement légal. Pendant douze ans, les Munichois avaient dû faire le salut hitlérien en passant devant le « hall des maréchaux ».

Trois des hommes à la tête du cortège, le pasteur Friedrich Aschoff, l'évêque auxiliaire de Mayence Franziskus Eisenbach et le prince Albrecht Castell, revenaient de loin. Ils étaient partis, un an auparavant, à la recherche de la réconciliation avec tous les peuples auxquels l'Allemagne avait fait un grand tort. Avec tous les pays que la Wehrmacht avait occupés. Ils avaient organisé des voyages dans tous ces pays, plus de trente, et la manifestation de Munich devait en être le point final. La présence du Juif Nikolaus Lehner à leurs côtés était un symbole, car c'est avec le peuple juif que l'entreprise fut la plus significative et la plus difficile.

L'initiative n'était pas officielle, elle était privée, spontanée, dictée uniquement par le désir chrétien de se repentir et de demander pardon. Elle ne visait pas à rappeler les torts et les responsabilités. Elle ne faisait pas le compte des morts, en comparant six millions de Juifs assassinés, les deux millions de morts allemands tombés sous les bombes alliées, ou les quinze millions de morts de guerre russes et les trois millions de combattants allemands tués.

Elle ne se posait pas non plus la question de savoir si le 8 mai 1945 était pour les Allemands jour de défaite ou de libération. Elle voulait tout simplement dans un geste humble, dans une inspiration spirituelle, dans une action de grâce significative, représentative pour le peuple allemand exprimer une profonde émotion devant ce qui s'était passé en Europe pendant cinq ans au nom de l'Allemagne. Elle venait demander le pardon et trouver une sorte de libération intérieure dans la réconciliation.

Une réconciliation demandée aux chrétiens par le Christ et interprétée par l'apôtre Paul dans sa deuxième lettre aux Corinthiens, texte dont les initiateurs de l'action s'étaient inspirés :

« Frères, si quelqu'un est en Jésus-Christ, il est une créature nouvelle. Le monde ancien s'en est allé, un monde nouveau est déjà né. Tout cela vient de Dieu : il nous a réconcilié avec lui, par le Christ, et il nous a donné pour ministère de travailler à cette réconciliation. Car c'est bien Dieu qui, dans le Christ, réconciliait le monde avec lui. Il effaçait pour tous les hommes le compte de leurs péchés, et il mettait dans notre bouche la parole de la réconciliation. Nous sommes donc les ambassadeurs du Christ, et par nous c'est Dieu lui-même qui, en fait, vous adresse un appel. Au nom du Christ, nous vous le demandons, laissez-vous réconcilier avec Dieu. Celui qui n'a pas connu le péché, Dieu l'a pour nous identifié au péché des hommes, afin que, grâce à lui, nous soyons identifiés à la justice de Dieu. »

Pour les trois initiateurs, il s'était trouvé que l'année 1994, année du début de leur action, coïncidait avec l'année biblique du « hall ». Pour les Israélites de l'Ancien Testament, l'année du hall était une année du pardon des péchés et de la remise des dettes, un événement revenant tous les quarante-neuf ans. C'est Friedrich Aschoff qui avait eu, le premier, l'idée d'aller à la rencontre des victimes de l'agression allemande et de faire participer la majeure partie de ses compatriotes à l'initiative. Elle s'appelait : « Chemins de la réconciliation. »

Le 9 novembre 1988, jour anniversaire du putsch hitlérien, mais aussi du premier grand pogrome contre les Juifs allemands de 1938, le pasteur était allé voir le monument érigé à la mémoire de l'holocauste au cimetière de sa petite ville de Kaufering en Bavière, pour prier. Il était accompagné de deux visiteurs venus d'Israël, deux Juifs messianiques. Après une longue prière commune devant les symboles des deux religions, l'étoile de David et la Croix, Aschoff cherchait ses mots pour parler à ses deux accompagnateurs. Mais que pouvait-il bien dire devant une catastrophe qui avait frappé leur peuple et qui avait commencé ce jour-là, il y a cinquante ans ? Finalement, toujours en silence, il alla vers les deux Israélites et les trois hommes tombèrent dans les bras les uns des autres, en larmes. « Je vous prie de nous pardonner », disait l'Allemand. Et les Juifs de répondre : « Nous vous pardonnons. »

Aschoff écrivit plus tard : « Il s'était passé quelque chose d'inexprimable. Jamais je n'avais ressenti la présence de Dieu, si proche, si puissante. Je me sentais touché par une grâce. J'étais inondé de reconnaissance et de bonheur. Rentrant chez moi, je me suis dit que cette expérience était trop précieuse pour que je la garde pour moi tout seul.

Je sentais que j'avais reçu l'ordre de la porter plus loin, que Dieu me voulait comme ambassadeur de la réconciliation, dans le sens de saint Paul.

Aschoff en parla à son ami le prince de Castell. Les deux hommes élaborèrent ensemble le plan de porter le message dans les pays jadis occupés par l'Allemagne, de tenter l'aventure de la réconciliation. Ils rassemblèrent autour d'eux un petit nombre d'amis qui pensaient comme eux et qui voulaient être de la partie. Des chrétiens de toutes les confessions et de toutes les professions, de l'ouvrier au banquier et au diplomate. Des gens qui ne se connaissaient pas mais qui devenaient des amis au cours de leur voyage. Qui profitaient des longs parcours en omnibus à travers l'Europe pour se raconter leur vie et les motifs de leur participation.

Il y avait là l'ancien soldat de la Luftwaffe, stationné pendant la guerre dans le pays destinataire du voyage, qui s'accusait d'avoir été, à l'époque, plein de mépris pour les hommes et les femmes de ce pays et inaccessible à leur détresse. Il y avait aussi la fille d'un ancien soldat SS disparu à la fin de la guerre, mais qui « n'avait pas parlé, jamais, de ce qu'il avait fait là-bas en Russie. Elle racontait comment elle l'avait appris plus tard et comment elle se sentait condamnée à porter le poids de la culpabilité à la place de son père. Il y avait la septuagénaire qui avait été aux Hitlerjugend et qui confessait avoir été complètement soumise à l'idéologie nazie, à la haine et au mépris des autres peuples. Il y avait la jeune femme de l'ex-Allemagne de l'Est, élevée dans l'idéologie marxiste, à qui on avait dit que la RDA, la République « démocratique » des ouvriers et des paysans, ne pouvait pas être tenue pour responsable de l'holocauste commis par les fascistes, et qui reconnaissait avoir été trompée tout au long de sa jeunesse.

Castell, lui-même, eut une expérience bouleversante au cours de l'un des voyages auquel il avait voulu participer. Ils étaient allés à Auschwitz. Le prince, né en 1925, était soldat de la Wehrmacht. Son père avait été mon chef d'escadron à Bamberg, en 1939. Il fut tué le 10 mai 1945, deux jours après l'armistice, par des partisans tchèques. Son fils avait visité pendant une journée entière, seul, ne voulant pas être accompagné, les casernes SS et les baraquements du camp, lu les documents exposés et regardé les photos. Le lendemain, ce fut le camp de Birkenau, à trois kilomètres d'Auschwitz, où étaient les chambres à gaz et les crématoires, l'usine de l'extermination.

Castell avait écrit dans l'émouvant récit que lui et ses amis ont publié à la fin de leur action : « Je me trouve dans une chambre à gaz reconstituée après la guerre, l'effroi et l'abattement s'emparent de moi, pendant que je parcours, lentement, les couloirs. J'ai honte, j'ai honte d'avoir été un soldat allemand. Jamais de ma vie je n'ai ressenti un tel sentiment de honte. Sur les photos, j'ai vu qu'aux côtés des SS il y avait aussi des soldats de la Wehrmacht. Des hommes de ma génération et de celle de nos pères, qui avaient planifié, exécuté ces horreurs. Je suis heureux que nous ayons deux amis juifs parmi nous. Dans cette chambre à gaz, avec ses vestiaires d'attente, et ses " douches " qui dissimulaient les lucarnes à travers lesquelles les boîtes de cyclon B furent vidées, je tombe sur eux. Je vois qu'ils se sont recueillis dans la prière. Dois-je passer et les laisser seuls ? Je me sens attiré vers eux, et je sens qu'en ce moment Jésus en personne est au milieu de nous. Dans un mouvement spontané, j'ai finalement posé mes bras sur leurs épaules, et, en nous étreignant, nous avons laissé couler nos larmes... Le soir, seul dans ma chambre, je sentis tout d'un coup que cette scène à Birkenau fut l'événement le plus important de ma vie. Le lendemain j'ai prié mes deux amis juifs de me pardonner. De me pardonner aussi pour l'antisémitisme qui régnait dans ma famille et dans la noblesse allemande, et qui faisait que le crime avait été possible. »

J'ai participé moi-même au voyage de conciliation que d'autres groupes effectuaient en République tchèque. Voici les impressions que j'ai eues au camp de concentration de Theresienstadt, devant les milliers et les milliers de croix plantées sur les tombes des victimes, dans les cellules où, entassés, les prisonniers moururent de suffocation par centaines et à Lidice, le village rasé par mes compatriotes après le meurtre du gouverneur SS Heydrich. J'ai vécu cette étrange émotion d'où jaillit un vif sentiment de honte et de regret, un désir incompressible de demander pardon et de se faire pardonner. Ceci est difficile à expliquer. Il y a là quelque chose de religieux. Un tel acte n'est possible qu'en présence de Dieu. On se sent touché par une sorte de grâce qui fait tomber, comme des haillons, tout orgueil, tout refus d'accepter un passé honteux, toute opposition aux vérités établies. On se sent nu et on veut revêtir des vêtements nouveaux. La grande calamité, la grande catastrophe de son peuple, le poids de la conscience collective, on veut assumer tout cela et s'en débarrasser en même temps, en devenant, comme le dit saint Paul, une « créature nouvelle ».

Partout où nous allions nous avons vécu la réconciliation, pas toujours facile, mais possible. Nous l'avions vécue dans cette crypte de l'église Saint-Cyril où les quatre parachutistes tchèques qui avaient tué Heydrich, au lieu de se rendre aux Allemands, s'étaient donné la mort en hurlant : « Nous sommes des Tchèques. Nous ne nous rendons jamais ! » Les Tchèques qui nous accompagnaient sont venus vers nous et nous ont embrassés. A la cathédrale de Saint-Vith, sur la magnifique colline du château qui surplombe la ville, l'évêque Franziskus Eisenbach de Mayence et son confrère, l'évêque prince Lobkowicz de Prague, ont prié ensemble, en allemand devant une nef comble. Une vieille dame avait pris place à côté de moi et m'a demandé, dans un allemand hésitant, de lui pardonner le tort que son peuple avait fait aux Allemands en expulsant les Sudètes après 1945. Nous avions bien demandé le pardon et nous l'avons obtenu. Mais nous ne nous attendions pas à ce qu'on nous le demande également.

Nous n'étions pourtant pas tous des sentimentaux dans notre petit groupe, ni des pacifistes béats. Il y avait parmi nous beaucoup d'anciens soldats, des durs à cuire, tous plusieurs fois décorés et rompus à l'enfer de Stalingrad ou de Moscou. Tels Wilhelm Heyden, aujourd'hui entrepreneur à Hambourg, ancien Oberleutnant de Panzers devant Rschew, le Verdun du front de l'est. Il a fait, en mai 1994, le voyage de Kiew. Il était à Baby Yar, accompagné par Klara Vinacur, une Juive qui avait pu fuir à l'âge de dix-sept ans la grande rafle des Juifs de Kiev et leur assassinat dans le sinistre ravin. Klara ne refusait pas seulement de parler allemand, elle refusait la réconciliation. Deux jours plus tard, à la fin du séjour du groupe, elle est venue dire adieu aux Allemands et elle s'est excusée d'avoir mis quelques jours à trouver la force de pardonner.

Wilhelm Heyden concluait : « Ne sommes-nous pas, nous autres Allemands, obligés de demander le pardon, chacun de nous là où il est placé, et ne serait-ce que dans le souci de notre dignité nationale ? Si nous pouvons à juste titre être fiers des mérites de notre patrie allemande, nous devons également être prêts à reconnaître la grande faute commise en notre nom envers des hommes complètement innocents. Selon la religion juive, le pardon ne peut être donné que par Dieu. Mais tous les hommes et les femmes auxquels nous avons pu parler pendant ce voyage ont accepté nos demandes de pardon et nos dons de réconciliation, le vin, le pain et le sel. »

Un autre participant, le prince Heinrich Reuss, avait fait le troisième des quatre voyages dont la destination était la Pologne, en octobre 1994.

Membre de l'une des plus anciennes familles nobles d'Allemagne, il avait passé toute sa jeunesse dans la partie occidentale de la Pologne qui avait été allemande pendant huit siècles. Une de ses tantes avait épousé en deuxième noces l'empereur Guillaume II durant son exil en Hollande. Dans son rapport sur son voyage, le prince avoue qu'il a vécu douloureusement les retrouvailles avec son pays, aujourd'hui sous une autre domination. Mais il a trouvé la consolation dans la réconciliation, comme tous les autres membres du groupe qui avaient été, comme lui, expulsés de leur pays en 1945. Reuss écrit : « Ce n'est pas seulement l'horreur de ce qui s'est passé entre 1939 et 1945. Il faut aussi s'avouer que la mauvaise graine avait été semée depuis des siècles, avait éclos dans ces années et portait de terribles fruits... J'avais à cœur de demander pardon pour toute la violence que des hommes de mon milieu avaient fait à ce peuple, depuis les chevaliers Teutoniques jusqu'à nos jours, et pour cette mentalité de supériorité et de mépris envers les Polonais à laquelle j'avais participé étant enfant... Devant le vaste champ au bord du camp de Birkenau sous lequel les cendres de centaines de milliers de morts sont enterrées, et sur lequel des croix et des étoiles de David rappellent le sacrifice des hommes, j'ai reçu le don de pouvoir prier et de me repentir des péchés de mes ancêtres qui, indépendamment du nazisme, s'étaient rendus coupables d'antisémitisme et d'orgueil envers les Juifs et les Polonais... »

Je voudrais terminer cette sélection de témoignages de mes compagnons de voyage partis chercher le pardon chez ceux qu'on avait offensés, par l'émouvant mot d'une Française qui avait été touchée, comme beaucoup de ses compatriotes, par le prêtre allemand Franz Stock, aumônier de la Wehrmacht auprès des prisonniers français pendant l'Occupation, et, à ce titre, témoin de beaucoup d'exécutions de résistants. Dans une lettre adressée aux amis de l'abbé Stock, cette femme raconte d'abord l'occupation de son village en 1944, situé en plein maquis, par des troupes allemandes. Celles-ci avaient fusillé quatorze otages parmi lesquels un ami de classe de la jeune femme à l'époque et qui n'avait que quatorze ans. Elle dit que le seul mot d'*allemand* la faisait frémir, et pendant longtemps elle fut incapable de pardonner. Et puis, elle finit la lettre par ces mots : « Ce fut ce jeune prêtre qui, sans tenir compte de la nationalité, mais simplement ministre de Dieu, exerça sa très grande charité en aidant nos pauvres compatriotes emprisonnés, soumis à la torture, leur donnant son soutien moral et spirituel, les accompagnant pendant leur dernier voyage au mont Valérien, au point de mourir lui-même relativement jeune pour avoir trop vu souffrir... Ce prêtre m'a donné une grande leçon d'amour du prochain, allant au-delà des nationalités pour ne voir que des frères faisant eux-mêmes leur devoir jusqu'au sacrifice de leur vie. La guerre m'apparaît toujours dans son horreur, mais sous un autre éclairage, celui des enfants de Dieu, victimes de la guerre des hommes, quels qu'ils soient. Que, dans les moments dramatiques, des âmes d'élite se lèvent pour éclairer les consciences perturbées par les événements. Dieu, voyant ceux-là, pardonnera aux autres... » La jeune femme avait aussi trouvé la force d'âme pour pardonner.

Cet esprit doit habiter les hommes qui acceptent le poids du passé, qui ne le poussent pas dans les oubliettes de l'Histoire, qui ne se murent pas dans le silence ou dans une attitude d'offensés, qui parlent et qui vont vers le prochain. Qui se sentent libérés après avoir vécu cette espèce de « catharsis » dont parlaient les anciens Grecs. « Dieu, voyant ceux-là, pardonnera aux autres. »

Oblivio perpetua et amnistia — « rémission éternelle et oubli » — ces termes empruntés aux textes liturgiques figuraient en préface des traités de paix de 1648, de 1713 et de 1815. Aux vaincus des trois guerres, l'empereur germanique, le roi de France et l'empereur des Français, les vainqueurs accordaient pardon et amnistie. La formule ne se trouve plus dans les traités qui suivirent, 1871, 1919, et 1990, l'année qui, avec la réunification allemande, termina formellement la Deuxième Guerre mondiale. Cela n'est pas étonnant. Les guerres se sont « barbarisées » depuis le congrès de Vienne, comme le constatait l'ex-chancelier Helmut Schmidt dans l'entretien accordé à *Die Zeit*. La bataille de Verdun, en 1916, fut une telle boucherie que des historiens allemands n'hésitent pas à y voir la genèse des violences inouïes qui se sont déchaînées au cours de la première moitié du siècle. La valeur d'une vie humaine était tombée à zéro. Rotterdam,

Coventry, Hambourg, Dresde, Hiroshima furent les stations de déclin, avec comme apothéose l'extermination industrielle d'Auschwitz.

Rémission éternelle et oubli ne furent pas accordés à Versailles. Comment cela aurait-il pu en être autrement ? Si la faim est mauvaise conseillère, la soif de vengeance l'est bien plus. Le prince Philippe d'Édimbourg, auquel on montrait un jour, dans une pièce de l'*Hôtel du Parc*, à Versailles, la plaque qui commémore la remise des conditions de paix à la délégation allemande par les Alliés, en mai 1919, disait, d'un air mi-sérieux, mi-amusé : « J'ignorais que je me trouve à l'endroit où Hitler est né. »

Le lien de cause à effet entre Versailles et Hitler a été établi de longue date et est aujourd'hui une vérité historique presque universellement reconnue. Elle n'explique pas tout. Comme je le prétends plus haut, le régime violent de l'homme de Braunau était niché dans les germes de la société allemande dès le début du siècle.

La France avait un certain droit, en 1918, de vouloir en terminer une fois pour toutes avec l'expansionnisme du voisin. Hélas, elle avait poussé le bouchon trop loin, et la punition de 1940 fut terrible. Depuis, elle a retrouvé son rang de grande nation qu'elle est prête à défendre. Le voisin à l'est a lui aussi trouvé son rang, ou plutôt sa place dans le concert des nations. Il ne fait plus peur. Après une succession de miracles, il a même retrouvé son unité. Au lieu de jouer de ses muscles, il a plutôt tendance à se mettre à l'abri. Contraint parfois de prêter main-forte à une action de « maintien de la paix », il le fait sur la pointe des pieds et se retire le plus tôt possible. Il permet à sa cour suprême d'appeler les soldats des assassins et n'a rien contre une proposition d'ériger, dans la bonne ville de Potsdam où est né, dit on, le militarisme prussien, un monument à la gloire du déserteur de la Wehrmacht. Il est vacciné, le voisin, contre l'aventure. Il a appris sa leçon. Plus jamais il ne remettra le pouvoir à un seul homme. Il ne reconnaîtra plus jamais d'autre souverain que le seul peuple. Hélas, pour y arriver, il a fallu la catastrophe de 1945. « La démocratie est un cadeau de la défaite », disait Heinrich Mann, frère de Thomas Mann.

Dans les petits documents et bouts de papier que j'ai conservés de ma lointaine jeunesse, je trouve une coupure de journal, fripée et jaunie. Elle date de juillet 1944 et a sans doute été découpée dans le petit journal local de Wittlich par notre cuisinière de l'époque. Je lis : « Le Führer a remis les feuilles de chêne de la croix de Fer de chevalier au capitaine comte Clemens von Kageneck, commandant un bataillon de chars tigre, en tant que 513e soldat de la Wehrmacht allemande. Le capitaine von Kageneck, qui avait reçu la croix de Fer de chevalier à la tête du même bataillon le 4 août 1943 dans les combats au nord de Bielgorod, est né à Berlin le 17 octobre 1913 et est le fils du général comte von Kageneck. Le nouveau porteur des feuilles de chêne habite la propriété de ses parents à Blumenscheidt près de Wittlich. Il est le frère du porteur des feuilles de chêne Erbo von Kageneck, mort pour la patrie. »

Mon frère avait dû abréger son voyage de noces

pour se rendre en Prusse orientale. Hitler tenait à remettre personnellement cette haute distinction à ses soldats, dans son repère de loups au sein des vastes forêts de la Masure. Erbo avait fait de même trois ans auparavant avant de se faire abattre dans son avion de chasse en Lybie, après soixante-neuf victoires aériennes. Clemens m'a raconté après comment s'était déroulée la cérémonie. Ils étaient six à recevoir les feuilles. Avant de pouvoir pénétrer dans le saint des saints, ils avaient tous dû déposer les pistolets qui faisaient partie de leur tenue d'officier. Quelques jours auparavant seulement, la bombe de Stauffenberg avait éclaté au grand quartier général du Führer.

Clemens, dans son uniforme noir des Panzers, se trouva donc en face du chef suprême.

— Je voyais l'homme avancer vers nous, c'était un vieillard, une loque humaine qui se déplaçait péniblement, soutenu par un aide de camp. Ses yeux flottaient dans une masse glauque et jaunâtre sans fixer son vis-à-vis. Il tendait la main gauche, la droite étant en prise à de fortes secousses. Il ne prononçait pas un mot. Le tout fut expédié en quelques minutes.

Clemens, comme tous ceux qui l'entouraient, savait que la fin était proche. Mais il était sous le choc. C'était donc lui l'homme qui avait dirigé l'Allemagne depuis douze ans ? Comme beaucoup d'autres de même origine et de même culture, il avait salué l'avènement de Hitler. Il avait fait toute la guerre depuis le premier jour dans le corridor de Dantzig jusqu'à la retraite sur le Dniepr. Il fut blessé six fois. Il avait autant de fer dans la peau qu'autour du cou, rigolait-on. Son char l'avait amené aux portes de l'Asie. Son frère Franz-Joseph avait été tué aux portes de Moscou, et son autre frère Erbo aux portes de l'Égypte.

De toute cette folle entreprise, Clemens n'avait vécu que ce qui se voit de la tourelle d'un char de combat, que ce soit aux heures de l'avance glorieuse ou dans le désordre de la retraite. Comme beaucoup d'autres, il n'avait jamais rien vu qui fût contraire à l'honneur militaire. Une seule fois, je l'ai vu arborer ses décorations après la guerre. C'était en 1968, au mariage de sa fille aînée. Il avait presque brisé un tabou. Mais, encore une fois, quelle est l'armée, même vaincue, dont les survivants n'osent pas mettre leurs décorations ? Singulière Allemagne.

Choqué comme beaucoup d'autres par l'exposition sur les crimes de l'armée à laquelle il avait appartenu et par la campagne médiatique contre les anciens combattants qui suivit, mon frère m'a écrit en juin 1995 : « Nous assistons à une campagne insupportable, cinquante ans après que le tribunal des vainqueurs à Nuremberg eut attesté à notre armée une attitude d'honneur tout le long du conflit. Je ne dirai pas un mot sur nos maréchaux. Ils furent de grands stratèges, mais nuls pour ce qui concerne le courage civique. J'en arrive au point essentiel : pour moi, il ne peut y avoir qu'une culpabilité personnelle, et donc une réconciliation personnelle, pas cette culpabilité collective qui est tellement à la mode aujourd'hui. On pourrait pour ainsi dire construire une sorte de nationalisme à l'envers, fabriquer une coresponsabilité pour les fautes d'une minorité inférieure à 10 pour cent de criminels, qui existe probablement dans n'importe quel peuple. »

Et mon frère d'ajouter, résigné et désabusé : « Arrêtons de nous casser la tête avec ce problème probablement insoluble... »

Je n'irai pas jusqu'à dire que nos deux vues sur le passé sont irréconciliables. Moi aussi je me révolte contre l'atteinte à mon honneur de soldat. Mais j'ai essayé d'aller plus loin dans mon examen de conscience. Une grande partie de mes camarades a combattu dans l'honneur. Mais nous fûmes tous l'instrument d'un crime sans égal dans l'histoire de l'humanité. Ce crime fut possible parce que nous, notre peuple, notre société, nous avons accepté son instigateur en notre sein, nous l'avons aidé à se hisser au pouvoir, nous l'avons largement soutenu. Je laisse aux scientifiques et aux historiens le soin de trancher si le phénomène était inscrit dans les gènes.

Et pour finir, j'en reviens, encore une fois à la petite feuille de communication que les anciens de ma division se distribuent entre eux pour maintenir la camaraderie de la guerre. A sa façon, elle prend position dans le grand débat allemand sur les crimes de la Wehrmacht. Dans un petit poème, à la dernière page du fascicule, un certain Karl Hochmuth écrit : « Je pense à toi camarade, un demi-siècle après ta mort. Toi qui es resté là-bas, en terre étrangère, dans ta tombe hâtivement creusée.

« Je pense à toi qui combattais à mes côtés, courageux ou avec la peur aux tripes. Qui pansait mes blessures, qui gueulait ou qui riait, qui partageait avec moi la dernière miche de pain. Et qu'on couvre aujourd'hui de honte et de calomnie. Comme si tu n'avais pas payé toutes les dettes, même celles qui ne furent pas les tiennes, en donnant ta vie. »

Pourquoi mon camarade-poète ne dirait-il pas la vérité ? Peut-être que les dettes ont effectivement été payées par ceux qui, souvent parfaitement innocents sont tombés devant l'ennemi et, selon leur intime conviction, pour l'Allemagne ?

Les survivants allemands ont au moins satisfait à une dernière demande de l'un de leurs chefs. Heinz Guderian. Le plus génial des grands condottieri de l'arme blindée allemande termine ses *Mémoires* parus en 1951, trois ans avant sa mort, par cette exhortation :

« Redressez vous mes camarades, relevez vos têtes comme vous le faisiez jadis en défilant devant vos chefs. Vous n'avez pas à avoir honte de vos actes. Vous étiez les meilleurs soldats. Faites que vous soyez maintenant les meilleurs citoyens de votre peuple. »

Table

Cet ouvrage a été composé
par Graphic-Hainaut
59690 Vieux-Condé
et imprimé sur presse CAMERON
par Bussière Camedan Imprimeries
à Saint-Amand-Montrond (Cher)
en avril 1996

Dépôt légal : avril 1996
N° d'éditeur : 1210. N° d'impression : 1/803